Bibliothèque des Histoires

GEORGES DUBY

de l'Académie française

DAMES DU XIIe SIÈCLE

II
LE SOUVENIR DES AÏEULES

nrf

GALLIMARD

Au XIIe siècle, la noblesse honorait ses morts. Elle entourait de soins plus assidus les défunts de la famille, mais elle n'oubliait pas les défuntes. Elle répétait leur nom, elle rappelait leurs vertus, le rôle qu'elles avaient tenu dans l'histoire du lignage. Ces paroles commémorant les ancêtres, il arrivait que l'on décidât de les fixer par l'écriture. Un genre littéraire particulier prit corps. Il s'épanouit dans la moitié nord de la France passé le milieu du siècle. Par hasard, quelques-uns de ces écrits ne se sont pas perdus, ceux que l'on avait composés en l'honneur des ducs de Normandie, des comtes de Flandre, des comtes d'Anjou et des sires d'Amboise, des comtes de Guînes et des seigneurs d'Ardres. Je les ai sous les yeux. Ils m'apprennent beaucoup de ce qu'était la vie dans ces grandes maisons, et nul document ne montre plus clairement, dans les jeux de la mémoire et de l'oubli, ce que les chevaliers et les prêtres pensaient des femmes de leur sang. Sortent ainsi de l'ombre quelques silhouettes féminines. Elles sont moins nettes que les figures de princesses, de saintes, d'héroïnes de romans à succès que j'ai dressées, emblématiques, dans le précédent volume. Assez précises, cependant, pour jeter un peu de lumière sur ce que je m'efforce de découvrir, sur la condition des dames, sur la manière dont les épouses des seigneurs menaient alors leur existence.

SERVIR LES MORTS

I

Les morts dans la maison

En ce temps, les morts sont vivants, nul n'en doute. On ne sait pas bien où, mais ils vivent. Leur présence est sensible à quantité de signes et l'on prend soin de se les concilier. Car, par-delà l'invisible cloison qu'ils ont franchie, dans leur séjour mystérieux où l'écoulement du temps se poursuit au même rythme qu'ici-bas, la plupart d'entre eux souffrent. Ils sont, comme on dit, en peine, ce qui les rend hargneux, vindicatifs, méchants. Les morts font peur.

Tant qu'ils ne sont pas mis en terre on les craint. Henri Plantagenêt aimait entendre raconter les aventures de Richard Ier, duc de Normandie, le trisaïeul de son grand-père. Hormis Dieu, ce prince ne redoutait rien. Comme tous les chevaliers, il courait sans cesse la campagne, mais il se plaisait à errer aussi la nuit, bravant le danger, narguant les forces mauvaises qui rôdent dans les ténèbres et dont, généralement, les gens se gardent en se claquemurant chez eux. Une nuit, parti seul chasser, son chemin le conduisit à la porte d'une chapelle. Il entra dire une courte prière, c'était son habitude. S'approchant de l'autel, il passa sans broncher devant un cercueil ouvert, occupé. Richard entendit que cela bougeait derrière son dos. À deux reprises, il cria : « Recouche-toi », ajoutant : « Tu es plein de diable. » Il termina son oraison, se signa, recommanda son âme à Dieu, puis se retourna pour sortir. Il vit alors, dressé devant lui, le cadavre, gros, grand, le bras tendu et qui lui parut un diable. Richard tira son épée, abattit cet être qui lui barrait la route. Il le trancha par le milieu, s'en alla, puis, impavide, revint sur ses pas chercher le gant qu'il avait oublié. Toutefois, averti par cette rencontre, il ordonna qu'on ne laisserait plus les morts seuls la nuit avant qu'ils ne fussent ensevelis, enfermés dans un sarcophage.

Même enterrés, on s'en méfiait, car il leur arrivait de revenir. Pour avertir, délivrer un message du Ciel, plus souvent pour réclamer de l'aide ou se venger de leur parenté qui les négligeait. Ils parlaient. Écoutaient. Un dialogue parfois s'engageait. En 1325 – deux siècles avaient passé depuis que le récit des aventures de Richard Ier avait été mis par écrit, et, entre-temps, la pensée rationnelle avait pourtant fait quelque progrès –, Jean Gobi, dominicain, rapporta au pape d'Avignon Jean XXII ce qu'il avait appris d'un mort, un bourgeois d'Alès, décédé quelques semaines auparavant, qui, revenant de temps en temps chez lui, inquiétait, harcelait sa veuve. Jean avait requis le maire de la ville de faire cerner la demeure par deux cents hommes d'armes dûment confessés afin d'éviter tout subterfuge. Accompagné d'un maître en théologie, du professeur de philosophie de son couvent et d'un notaire, il s'y rendit et, tenace, contraignit le trépassé à répondre à toutes les questions qu'il avait préparées. Il finit par lui faire dire qu'il y a en fait deux purgatoires, l'un où toutes les âmes sont réunies le jour et qui se trouve au centre de la terre, l'autre, nocturne, où chaque mort revient sur le lieu de son principal péché. Les ancêtres dont je vais parler étaient certainement moins loquaces. En tout cas, rien de ce qu'ils ont dit après leur trépas n'est noté dans les histoires qui relatent leurs exploits. Je suis sûr cependant d'un fait : leurs descendants les sentaient tout près d'eux. Ils faisaient encore partie de la maison.

La maison, la maisonnée – la « mesnie », la « masnade », comme disaient les parlers romans –, constituait au XIIe siècle le cadre le plus ferme de toutes les relations sociales. Celles-ci étaient pensées, vécues sous forme domestique, qu'il s'agît des rapports entre le chrétien et la Trinité, la Mère de Dieu, les saints, entre le seigneur et ses vassaux, le maître et ses serviteurs, le chef de guerre et ceux qui l'épaulaient aux combats. La société que nous disons féodale peut être définie comme une agglomération de maisonnées, chacune placée sous l'autorité d'un patron et d'un seul. Ces maisons, organismes vivants, tendaient à perpétuer leur existence. Les hommes qui les dirigeaient avaient donc le devoir, primordial, de procréer, de prendre une épouse, la dame, et de l'engrosser. Répugnaient-ils à le faire, leur entourage les y forçait. Il fallait absolument que, à l'heure de leur mort, ils fussent en état de remettre le pouvoir qui tombait de leurs mains en celles d'un de leurs fils, l'aîné. Dans chaque maison noble, une dynastie était implantée, dans toutes l'engendrement apparaissait comme l'acte capital par lequel le sang, ce sang hérité d'hommes et de femmes qu'on ne voyait plus, dont la dépouille charnelle reposait sous les dalles, passait d'un corps parvenu à maturité dans un autre corps qui grandirait, se fortifierait jusqu'à pouvoir transmettre à son tour le sang, sève de cet arbre dont les racines s'enfonçaient au cœur de la demeure que les aïeux avaient fondée, enrichie, et dont leurs héritiers portaient pour la plupart le nom. Il paraissait en outre indispensable que le tronc de l'arbre lignager demeurât au cours des âges dru, droit, lisse, que sa verdeur ne vînt pas à s'anémier par l'excessif déploiement de ses ramures. Les chefs de maison se jugeaient par conséquent astreints à ne donner de femme légitime qu'à l'un seulement d'entre leurs garçons, celui qui leur succéderait et tirerait des entrailles de cette femme son successeur lui-même unique.

Dynastique, la maison noble était un corps strictement hiérarchisé. Tout, en effet, était hiérarchie dans l'univers, tel qu'on se le représentait à l'époque, chaque être surplombé par des êtres qu'il devait respecter et servir, chaque être surplombant lui-même des êtres qu'il devait protéger et chérir, et, flux généreux émanant de la puissance divine et retournant à sa source, cet échange de révérence et de dilection, cet enchaînement d'obligations mutuelles – les théologiens de ce temps le désignaient par le mot *caritas* – était censé irriguer la création tout entière et lui conférer sa nécessaire cohésion. La maisonnée était bâtie sur ce modèle, et ses membres répartis sur trois degrés superposés. Deux de ceux-ci visibles, tangibles : les enfants en contrebas obéissant, servant, le père les dominant, les nourrissant, sa femme à ses côtés et, souvent aussi, ses frères, ses sœurs, s'ils n'étaient pas mariés. La figure est simple. En effet, il n'existait dans chaque maison qu'un lit conjugal, un seul lieu de procréation licite et, d'autre part, dans la chevalerie où beaucoup d'hommes mouraient tôt, rares étaient les chefs de famille qui voyaient naître leurs petits-enfants ; ceux-ci, d'ailleurs, si leur grand-père était encore en vie, venaient au monde dans une autre maison, celle où l'aïeul était allé bénir son fils aîné le soir des noces. Que le ménage réunissant deux générations constituât la structure élémentaire, le vocabulaire de la parenté alors en usage l'atteste. Très pauvre, ses seuls termes précis distinguent le père et la mère, le frère et la sœur, le fils et la fille, le mari et l'épouse. Au-delà, pour désigner le cousinage, il n'est plus que des mots vagues, et qui n'établissent pas de différence entre l'ascendance paternelle et la maternelle. Ce dernier trait est d'importance : l'équivalence entre les deux branches explique pour une part que les dames aient occupé une aussi large place dans la mémoire ancestrale. Quant au troisième étage, supérieur, les parents défunts l'occupaient. Cette position dominante leur revenait de droit : ils étaient passés les premiers ; leurs successeurs profitaient de ce qu'ils avaient laissé en s'en allant ; il était juste qu'ils les honorent et qu'ils les servent. Dans une société où toute relation de pouvoir prenait la forme d'un échange de dons et de contre-dons, ce service (*obsequia,* « obsèques » : nos manières de parler des offices funèbres conservent encore la trace de cette très ancienne conception des rapports entre les vivants et les morts), le devoir d'entourer de soins les ancêtres, venait en compensation de ce que chacun de leurs descendants avait reçu, c'est-à-dire, en premier lieu, la vie, mais encore un patrimoine, des vertus, de la gloire, tous les avantages dont il pouvait disposer ici-bas.

Les morts vivaient. Les servir ne consistait donc pas à les faire revivre, mais à entretenir leur présence invisible au sein de la maisonnée. Présents, ils l'étaient d'abord par le nom qu'ils avaient porté. Ce nom, le père de famille l'avait nécessairement repris pour le donner à tel ou tel de ses enfants, celui-ci apparaissant dès lors comme le substitut, comme une réincarnation du défunt et se jugeant obligé d'imiter cet aïeul, ce bisaïeul, ce trisaïeul, de se montrer aussi vaillant, aussi vertueux que lui, de remplir, s'il était possible, la fonction qu'il avait jadis remplie. Un tel devoir l'astreignait évidemment à se tenir informé des hauts faits de l'ancêtre éponyme, à garder attentivement son image en mémoire. Toutefois, les morts exigeaient davantage. Pour les contenter, il fallait en outre se tourner périodiquement vers eux, les évoquer. *Evocare* : les « faire revenir ». Les ancêtres étaient, au sens précis du terme, des revenants, ils reprenaient place dans le cercle familial chaque fois que les membres vivants de leur descendance se réunissaient pour rappeler leurs actes, leurs « gestes ». Les commémorer solennellement à certaines dates était un acte à proprement parler vital puisqu'il venait revigorer la sève de l'arbre lignager. Re-nommer les aïeux, c'était en effet raviver l'éclat de leur renommée. Or, le renom des ancêtres faisait la force de la lignée en un temps où la qualité d'une maison, le rang qui lui était assigné, son entregent, bref sa noblesse, reposaient sur le souvenir de gloires ancestrales. Qu'était alors, en effet, la *nobilitas,* sinon la capacité de se réclamer de très lointains et valeureux ascendants ?

II

Les femmes et les morts

La dame n'était-elle pas dans sa demeure spécialement chargée de conserver la mémoire des morts, de veiller à ce que leur nom ne tombât pas dans l'oubli ? On est conduit à se poser cette question en lisant Dhuoda, cette femme dont les paroles, de toutes celles sorties au Moyen Âge d'une bouche féminine, sont les plus anciennes que nous pouvons directement entendre. C'était une très grande dame, l'épouse d'un des plus hauts dignitaires du royaume franc. En 841-843, elle composa un *Manuel pour son fils,* lequel, extrait du gynécée où il avait passé son enfance, venait d'être placé par son père dans la maison, la « grande maison » du roi Charles le Chauve, son parent. Lorsqu'il serait parvenu à l'« âge parfait », ce garçon mettrait à son tour « en ordre sa propre maison selon les hiérarchies convenables ». Pour le moment, le premier devoir que lui prescrit sa mère est « de révérence à l'égard du père ». Ces mots forment le titre du livre III, les deux précédents traitant d'obligations envers Dieu, premier servi, et que le père représente sur la terre. Maison, paternité, soumission à l'égard de ceux qui précèdent, le fondement des ordonnances sociales apparaît ici en pleine lumière, mais le rôle aussi de la dame, de l'épouse du patron, éducatrice. Ton père, dit-elle, « tu dois, qu'il soit présent ou absent, le craindre [la crainte d'abord, révérencielle, celle qu'on éprouve devant les images de Dieu, devant les coffres à reliques, devant les morts], tu dois l'aimer et lui être fidèle en tout... Je t'exhorte à aimer d'abord Dieu, puis aimer et craindre ton père en te disant que c'est de lui que procède ton état dans le monde ». Le texte est clair. Pourquoi aimer, pourquoi servir ? En contrepartie du don reçu. Ce fils, Guillaume, est donc astreint à une semblable allégeance à l'égard de cet autre père, le maître de la maison où il vient d'entrer et qui le nourrira, l'éduquera, l'homme « que Dieu et ton père ont choisi pour que tu le serves dans la florissante vigueur du début de ta jeunesse ». Servir Dieu, servir les deux pères et, pour cela, régulièrement prier pour eux. Aussitôt après, prier pour les morts.

Tous les morts, cette foule innombrable dont on croit percevoir la rumeur aux lisières du monde visible. Toutefois, très particulièrement les « domestiques », les « proches de notre parenté ». « Moi qui vais mourir, je te commande de prier pour tous les défunts, mais surtout pour ceux dont tu tires ton origine. » C'est-à-dire le sang, c'est-à-dire la vie. Cette vie, ce sang coulent de deux sources, paternelle et maternelle. Priorité, pourtant, revient « à ceux des parents de ton père qui lui ont donné leurs biens en héritage légitime ». L'essentiel est là, dans cette phrase : des richesses dont ce fils aîné disposera plus tard, lorsque son père sera passé parmi les morts, presque toutes lui viendront de son père, donc des parents de celui-ci ; dans ses oraisons, Guillaume est requis, par conséquent, de rappeler leur mémoire en premier lieu, de les nommer les premiers devant Dieu. Autre évidence majeure : le don que l'on fait aux morts en priant pour eux doit s'établir en juste proportion du don reçu de chacun d'eux. « À la mesure des biens qu'ils ont laissés [à ton père], prie, répète Dhuoda, pour ceux qui les ont tenus avant lui et pour que, vivant, lui en jouisse longtemps [avant de te les remettre en mourant]... S'il arrive que quelque chose t'en soit plus tôt abandonné, prie le plus que tu pourras afin que s'accroisse la récompense des âmes de ceux à qui tout a appartenu. » Le souci, nettement affirmé, est d'exact contrepoids, de parfait équilibre et sur ce souci prennent appui deux des armatures maîtresses de la mémoire ancestrale : le souvenir des morts est d'autant plus ferme qu'ils ont davantage légué ; le souvenir de chacun d'eux reste solidement attaché à chacune des diverses pièces du patrimoine, à telle demeure, à telle terre, à telle parure qu'ils ont autrefois possédée. Ainsi Guillaume devra-t-il prononcer spécialement dans ses prières le nom d'un oncle paternel, son parrain, qui l'a « adopté comme fils dans le Christ », car, s'il avait vécu, cet homme eût été « nourricier », « plein d'amour », son troisième père, et principalement parce que, lors de son décès, traitant son neveu et filleul « comme son premier-né », il a déjà laissé tout son avoir, non pas à lui mais à son père, afin qu'il puisse en profiter un jour. Si la mémoire des aïeux se montre plus claire, mieux enracinée que celle des aïeules, si les noms de femmes sont moins nombreux que les noms d'hommes dans les textes écrits au XIIe siècle à la gloire des ancêtres, c'est que, normalement, les honneurs et la plus belle part des biens se transmettaient en ce temps de père en fils.

Pour que le service d'oraison, de remémoration fût équitablement réparti entre les aïeux, il fallait connaître leurs noms. Dhuoda en dresse soigneusement la liste : « Leurs noms, tu les trouveras à la fin de ce manuel. » Une liste appelée à s'allonger à mesure qu'hommes et femmes, les ascendants, les légataires s'en iront l'un après l'autre poursuivre ailleurs, dans l'au-delà, leur existence. « Lorsque quelqu'un de ta race quittera ce monde, je te demande, si tu lui survis, de faire transcrire son nom avec ceux des personnes inscrites ci-dessous. » Écrire, aligner des lettres perpétuellement lisibles sur le parchemin ou dans la pierre. Ériger de la sorte un mémorial. Le manuel que Dhuoda compose en est un. Le sont aussi les tombeaux : sur l'une de leurs faces, on y lit le nom du défunt qu'ils renferment, et les descendants doivent s'assurer que l'inscription ne s'efface pas.

Des images avaient-elles fonction de soutenir, elles aussi, la mémoire des ancêtres ? Peut-être. À vrai dire, nous n'en savons rien. Les écrits attestent bien que les moines de Cluny portaient en procession lors de certains offices l'*imago* de saint Pierre et, périodiquement, le vrai père de leur fraternité redevenait sous cette forme visiblement présent au milieu des siens. S'il exista jamais dans les demeures des princes des effigies de cette sorte, plus fragiles que la statue de saint Pierre, il n'en est point resté de traces avant que n'apparaisse à la fin du XIe siècle, sur la sépulture des plus grands, sculptée ou peinte comme celle des saints aux porches des églises, l'image du mort, gisant, étendu sur le catafalque, figuré pour l'éternité sous l'aspect que son corps avait revêtu une dernière fois à la vue de la maisonnée tout entière éplorée et devant la foule des pauvres accourus pour jouir de ses ultimes munificences.

Quoi qu'il en soit, de cet enfant qui s'éloigne de son giron, Dhuoda n'attend qu'une chose, qu'il n'oublie pas plus tard d'écrire son nom. « Quand, moi aussi, j'aurai fini mes jours, fais transcrire mon nom parmi ceux des défunts. Ce que je veux, ce que je réclame de toutes mes forces comme si c'était à présent, c'est que tu fasses inscrire solidement ces vers sur la pierre du sépulcre qui enfermera mon corps, afin que ceux qui en déchiffreront l'épitaphe fassent prier Dieu dignement pour moi, indigne. » Son nom figure en effet à deux reprises, en croix, dans le poème qu'elle a composé pour être gravé sur son tombeau, horizontalement au début du second vers, verticalement, en acrostiche, par les huit lettres initiales.

Ce « manuel » est unique en son genre. D'autres listes d'ancêtres aujourd'hui perdues ont-elles été dictées ? L'ont-elles été, elles aussi, par une épouse, la mère de l'héritier présomptif lors de son entrée dans le monde ? Sans conteste, il appartenait aux hommes, aux chefs de maison responsables du patrimoine, de prélever sur celui-ci de quoi rétribuer convenablement les moines et les prêtres qui les aidaient à bien servir leurs morts. Cependant, quelques indices, certains passages, par exemple, des éloges qui furent écrits de Mathilde, d'Adélaïde, épouses et mères d'empereurs, donnent à penser qu'il incombait aux dames, régentes de l'intérieur de la maison, d'assurer la bonne ordonnance des commémorations lorsque celles-ci se déroulaient au sein de l'espace domestique, donc de préserver de l'oubli le nom des défunts afin qu'ils fussent évoqués aux dates prescrites. Il leur revenait, en tout cas, ceci est sûr, de conduire le deuil à l'occasion des funérailles, d'être les premières à clamer, en tête de la domesticité féminine, le chagrin de la maison.

Car entre les femmes et les trépassés, il semble bien qu'il existait des relations privilégiées. Nous ne savons à peu près rien des rites funéraires dont les gens d'Église n'étaient pas les officiants. Le peu que nous en devinons vient des prélats qui luttèrent au IXe siècle, au Xe, en l'an mille encore, pour extirper les résidus du paganisme, car ils ont condamné, et par conséquent décrit, des usages à leurs yeux exécrables. Par l'archevêque de Reims Hincmar, par Reginon de Prüm, par Burchard de Worms, nous apprenons que dans le nord-est de la Gaule, dans des contrées encore sauvages, les femmes furent alors pressées de renoncer à certains gestes. On leur prescrivit de ne plus ficher en terre par un pieu « afin qu'ils ne reviennent pas [...] nuire gravement à autrui » le cadavre de leurs compagnes mortes en couches, ni celui des enfants mort-nés et des nourrissons ensevelis sans baptême. De ne plus jeter de seau d'eau sous le brancard lorsque l'on emportait le défunt hors de la maison. De ne plus imprégner d'onguent les mains des guerriers morts au combat. Et s'il arrivait à des prêtres de participer à des veillées funèbres, ils ne devaient pas, après le banquet, les libations, ces chants qui invitaient le mort et, peut-être avec lui, les ancêtres qu'il était allé rejoindre dans l'autre monde, à revenir un moment au centre de l'assemblée, supporter « que des danseuses exécutent devant eux des jeux infâmes, à la manière de la fille d'Hérode ». Ces Salomés, Hincmar les nomme *tornatrices.* Imaginons-les, tournoyeuses, tournoyant jusqu'à la transe.

Que subsistait-il au XIIe siècle de telles païenneries ? Nous l'ignorons. Du moins jugeait-on toujours indispensable que des femmes se tiennent au plus près des corps que l'on allait porter en terre. Qu'on les vît pleurer, déchirer leurs vêtements, dénouer leur chevelure, se l'arracher à poignées, se griffer les joues, qu'elles crient la douleur à tue-tête. Lorsque, au début du XIe siècle, dans son histoire des princes des Normands, Dudon de Saint-Quentin met en scène les funérailles d'un chef viking mort cent ans plus tôt, il décrit ce qu'il voit autour de lui. Il montre le « sexe féminin » se précipitant dans les rues de la cité pour escorter le catafalque, les femmes donc sorties de la demeure, du privé où il leur sied de se tenir blotties, les femmes remplissant l'une, et je crois bien la seule, de leurs fonctions publiques : donner à voir et à entendre, gesticulant, hurlant à la mort, le deuil collectif. Si j'ouvre la chronique de Galbert de Bruges, je lis qu'en 1127, aussitôt après le meurtre du comte de Flandre Charles le Bon, ce furent des femmes qui « veillèrent le corps durant toute cette journée et la nuit suivante, assises tout autour, poussant des lamentations », et quand un des meurtriers se tua, tombant du haut de la tour où il s'était réfugié avec ses complices, des femmes encore, « de pauvres femmes [...] le convoyèrent dans une maison et préparèrent ses funérailles ». Comme le corps des nouveau-nés, le corps des défunts appartient aux femmes. Leur tâche est de le laver, de le parer, ainsi que Marie-Madeleine et ses compagnes, marchant vers le sépulcre de Jésus, s'apprêtaient à le faire au matin de Pâques. Au XIIe siècle, le pouvoir, le mystérieux, l'inquiétant, l'incontestable pouvoir des femmes tient principalement à ce que, comme de la terre fertile, la vie sort de leurs entrailles et que, lorsque la vie s'éteint, elle retourne vers elles comme vers la terre accueillante. Les deux fonctions de la féminité, maternelle et funéraire, désignaient, semble-t-il, la dame pour régir les « obsèques », les services que les ancêtres exigeaient des vivants.

III

Écrire des morts

La christianisation avait eu pour effet, toutefois, de remettre aux serviteurs de Dieu une part de cette tâche. Dès le VIIe siècle sinon plus tôt, on laissait reposer les morts dans les lieux de prière avant de les ensevelir et l'on s'accoutumait à les inhumer au plus près de l'espace sacré. Ainsi s'était mis en marche le lent mouvement qui transporta les cimetières, jusque-là éloignés du séjour des vivants, dans le voisinage immédiat des églises paroissiales. Ce même mouvement fit s'agglutiner les tombes à proximité des grandes basiliques qui passaient pour recueillir plus abondamment les grâces du ciel. Quel mourant ne souhaitait pas être porté, pour y attendre le Jugement dernier, jusque dans le sein de ces édifices somptueusement parés où l'on percevait, dès que l'on en franchissait le seuil, comme un avant-goût des splendeurs paradisiaques ? L'archéologie découvre ainsi les sarcophages et de plus modestes tombeaux pressés les uns sur les autres contre les murs, comme se bousculant pour en forcer l'entrée, relégués cependant à l'extérieur car longtemps seuls furent admis dans l'espace interne le corps des saints et les corps de ceux, rois et évêques, qu'avait imprégnés l'huile du sacre. Les plus puissants des nobles revendiquèrent le même droit. Ils se l'approprièrent au cours du xe siècle, en même temps que d'autres attributs royaux, dans le progrès de cette dispersion des prérogatives souveraines que nous appelons féodalisation.

Dudon de Saint-Quentin, que j'ai cité tout à l'heure et dont bientôt j'exploiterai à fond l'œuvre superbe, relate, témoin oculaire, les derniers moments du duc de Normandie Richard Ier, qui mourut en 996. Quelques lignes plus haut, Dudon a montré le duc évangélisant à sa manière les Vikings encore païens, leur expliquant ce qu'il faut croire. L'homme, leur dit-il, est fait de deux éléments, la chair et l'âme ; la mort les sépare l'une de l'autre, mais le corps n'est pas tout à fait détruit ; l'âme, à la fin du monde, reviendra s'y glisser, la chaleur de nouveau pénétrera les os, de nouveau le sang, vif, irriguera la chair et la « réanimera ». Voilà pourquoi, selon Richard, les chrétiens prennent si grand soin des sépulcres. Du sien, le prince s'était préoccupé de longue date. Il avait décidé que sa dépouille mortelle serait transportée à Fécamp. En ce lieu, il avait reçu le baptême et fondé, dominant son propre palais, un monastère dédié à la Trinité. En ce lieu, il voulait dormir son dernier sommeil. Il avait prescrit de préparer à l'avance son tombeau, un sarcophage de pierres. Chaque semaine, avant qu'il n'y vînt s'étendre, on le remplirait de grains et l'on distribuerait ce blé aux pauvres. Lorsqu'il tomba malade, une litière le conduisit de Bayeux à Fécamp. Il en descendit, déposa ses habits, témoignant par ce geste qu'il changeait d'existence. Il revêtit le costume des pénitents et gagna, pieds nus, portant le cilice, l'église de la Trinité. Déposant sur l'autel ce qu'il gardait encore de parure, il reçut le viatique. Alors, son demi-frère, l'un des fils de sa mère, son ami le plus cher, lui demanda où faire placer le sarcophage. Richard répondit que son corps trop souillé de péchés était indigne d'être introduit dans le sanctuaire. Il reposerait à la porte, sous la gouttière. Tout le monde s'émerveilla. Un tel geste d'humilité était en effet peu commun. Les princes de son rang exigeaient d'ordinaire que leur sépulture, comme celle des rois francs à Saint-Denis, fût installée au plus près des reliques des saints, en plein milieu d'un chœur d'hommes qui perpétuellement lanceraient vers le ciel l'invocation pour le salut de leur âme. Comme Richard, ils choisissaient habituellement d'être inhumés dans un monastère.

Les communautés monastiques paraissaient en effet spécialement qualifiées pour prendre en charge les défunts. Ces vastes maisonnées bien ordonnées, ces escouades de frères voués à chanter d'une seule voix jour et nuit la gloire de Dieu qui, en retour, les gratifiait de ses largesses, honoraient en effet magnifiquement un ou plusieurs morts, les saints présents dans leur église par leur effigie et par ce que l'on conservait de leurs corps. Les fastes liturgiques dont elles environnaient ces restes prenaient toute leur ampleur lors de la fête de ces bienheureux, au jour anniversaire de leur trépas. Selon des rites analogues, les moines célébraient l'office en faveur d'autres défunts, de leurs frères en religion, ainsi que des plus généreux de leurs bienfaiteurs, ces hommes qui fort cher avaient acheté l'entrée dans la « société » monastique, obtenu d'être incorporés spirituellement à leur « fraternité ». Certains, au soir de leur vie, apportaient en même temps que leur offrande leur corps, revêtant *in extremis* l'habit de saint Benoît. Dans l'église de la Trinité de Fécamp, Richard Ier était ainsi venu renoncer comme un moine aux vanités du siècle, et le comte d'Anjou, Geoffroi Martel, « la nuit qui précéda sa mort, déposa tout le soin de la chevalerie et des affaires du monde et se fit moine au monastère Saint-Nicolas d'Angers ». Les liturgies funéraires promises à ces associés s'organisèrent au XIe siècle en un système complexe. Il parvint à sa perfection dans la congrégation clunisienne qui lui dut son éclatant succès.

Les moines écrivaient. Comme Dhuoda. Ils tenaient des livres. *Libri memoriales*, « garde-mémoires ». Ces répertoires contenaient la liste de ceux qui, tel jour, jusqu'à la fin des temps, seraient nommés au cours des offices, au nom de qui ce jour-là les religieux, après s'être époumonés à chanter pour eux, recevraient en prix de leur service supplément de pitance, double ration de vin, le défunt revenant, invisible, présider leur repas. Dans les monastères, quantité de noms se trouvaient ainsi engrangés. Faut-il penser que pour cette raison le souvenir des aïeux était plus fidèlement conservé par les moines que dans leur propre maison ? On peut en douter. L'exemple des sociétés sans écriture montre que la seule mémoire, bien exercée, constamment sollicitée comme elle l'était naguère dans l'entourage des souverains d'Afrique noire, comme elle l'était certainement dans les maisons aristocratiques du XIIe siècle, se révèle tout à fait capable de maintenir très nettes dans l'esprit, des siècles durant, les arborescences lignagères les plus touffues. Toutefois, il pouvait arriver que les maisonnées nobles se dispersent, s'éteignent, que les descendants oublient leurs devoirs. Se tourner vers les monastères, c'était prendre plus sûre accroche. Je suis d'accord avec O. G. Oexle : les communautés monastiques se montraient en ce temps capables de mieux « gérer les relations sociales entre les vivants et les morts [...] par l'inscription et la récitation des noms individuels des défunts ». Inscription : le nom des morts était, selon la formule des sacramentaires, « écrit devant l'autel ». Récitation : il n'était écrit que pour être solennellement, périodiquement proféré. Cependant, si les moines furent chargés de servir les morts et de désarmer leur courroux, ce fut surtout parce que, plus proches que tous les mortels du chœur des anges, ils pouvaient mieux que personne aider les âmes à s'élever vers la lumière, échappant à l'étreinte du « serpent noir » dont fait état l'épitaphe de Dhuoda. Encore fallait-il que leurs prières plaisent au Tout-Puissant, donc qu'ils apparaissent à ses yeux sans tache. Les princes qui leur confiaient leur propre corps et l'âme de leurs ancêtres s'employèrent donc à ce qu'ils soient très purs. Je vois là l'une des raisons, et peut-être la plus pressante, de la réforme de l'institution ecclésiastique qui s'amplifia aux approches de l'an mille. Durant le XIe siècle en tout cas, les seigneurs grands et petits dépensèrent sans compter pour assurer aux défunts de leur sang le secours des prières monastiques. Ils donnèrent à pleines mains aux anciennes abbayes. Ils en édifièrent quantité de nouvelles. Comme exemple de la fonction que remplissaient ces monastères privés, voici celui d'Andres que fonda le comte Baudouin Ier de Guînes.

En 1079, par piété, ou pour racheter une faute grave par les fatigues du long pèlerinage, ce guerrier partit pour Compostelle en compagnie d'un de ses amis. En chemin, ils s'arrêtèrent à Charroux. Éblouis par l'éclat des offices que l'on célébrait dans cette abbaye, les deux pèlerins conçurent chacun l'idée d'en créer une chez eux qui leur appartînt. En échange d'une belle aumône, les dirigeants du grand monastère aquitain promirent à Baudouin de lui expédier un abbé et une équipe de moines dès qu'il aurait préparé de quoi les établir. En 1084, la petite bande de Bénédictins s'installa à Andres, à deux pas du château de Guînes. Par cette fondation, Baudouin entendait s'attirer durablement les grâces divines. Du même coup, il affirmait l'indépendance de sa maison à l'égard de l'abbaye de Saint-Bertin toute proche, et, par là, à l'égard des comtes de Flandre qui s'y retiraient pour mourir. Enfin, le maître de la terre de Guînes affermissait les structures de la dynastie. Il instituait en fait une nécropole familiale : un privilège du pape Pascal II précisa que « dans ce lieu, la sépulture serait totalement exempte de façon que, selon leur volonté, y fussent ensevelis tous les descendants du comte et tous les pairs du château ». Manassé, fils et héritier de Baudouin, fut en effet mis en terre près de son père. Les moines l'avaient reçu, malade, dans leur infirmerie ; sous l'habit monastique, il était mort au milieu d'eux ; on l'enterra dans l'église en présence de sa femme et de ses vassaux. À l'exception de celui qui, devenu comte de Beyrouth, trépassa en Terre sainte, tous les frères de Manassé vinrent le rejoindre ainsi que quelques-uns de ses compagnons d'armes. Rassemblés autour du sépulcre comtal, une bonne douzaine de chevaliers défunts formaient une cour immobile et muette, pendant exact de la cour vagabonde et bruyante réunie autour du comte vivant.

Manassé ne laissait pas de fils. Il avait tout fait pour contrarier les vues de son neveu Arnoud de Gand qui briguait sa succession. Lorsqu'il s'approcha de la mort, Arnoud, rancunier, ne voulut pas reposer à Andres auprès de son oncle. Il légua de grands biens à Saint-Léonard, abbaye de femmes où la veuve de Manassé était inhumée : celle-ci avait en effet favorisé son accession au pouvoir. Gagné peut-être par les formes nouvelles que prenait la piété dans la seconde moitié du XIIe siècle, il choisit d'être enterré dans une institution charitable, l'hôpital de Saint-Inglevert. C'est là que, sentant sa fin prochaine, il abandonna son harnois de guerre, son cheval, ses chiens et ses faucons, « tout ce qui lui avait donné plaisir dans le monde ». Peu après, la mort le surprit en terre lointaine, près de Folkestone. On se hâta de transporter son corps par-delà la Manche. Les vents étaient contraires. Ce corps arriva à moitié pourri. Les moines d'Andres s'en félicitèrent. Le comte Arnoud était puni. Il aurait dû venir chez eux. C'était la règle. Il avait agi « à la fois contre ce qu'avaient institué ses ancêtres et contre les droits de l'abbaye ».

Son fils Baudouin II, lui, les respecta. Le 2 janvier 1206, à près de soixante-dix ans, « ayant disposé de ses biens, dévotement muni des sacrements de l'Église, confiant dans la miséricorde du Seigneur », il avait rendu l'âme dans sa maison de Guînes. L'aîné de ses garçons était absent. La bru « dans une hâte excessive, [...] avide de devenir comtesse », manda l'abbé d'Andres afin qu'il prît au plus vite livraison de « son seigneur et patron » et préparât « l'accueil de tous ceux de la parenté qui viendraient aux funérailles ». Les moines jugèrent cette précipitation indécente. Ils obtempérèrent pourtant, par crainte du mari. Le corps du « père de la patrie » fut donc porté jusqu'à l'endroit où « plus tard, ladite dame – elle tenait son rôle de femme, soigner les morts – fit élever une double croix de pierre pour le comte et pour son époux ». Après une courte pause, le corps de Baudouin fut introduit dans l'église abbatiale. Portes ouvertes, « depuis la soirée jusqu'au milieu de la nuit, un banquet y fut servi aux chevaliers et à leurs dames, aux gens du bourg et à d'autres personnes. Jusqu'à l'heure de la sépulture, ils eurent de quoi manger et boire » réunis autour du catafalque, festoyant en compagnie du mort toujours présent, et tant que la dépouille du comte demeura exposée devant le maître-autel, « une multitude innombrable de pauvres fut nourrie de pain et de viande apportés des diverses demeures comtales ». L'héritier survint enfin. Aussitôt, il gratifia le monastère d'une exemption de taxe. À ce prix, les moines, tous les ans, jusqu'à la fin des temps, célébreraient un office funéraire pour l'âme de son père.

Je note dans ce récit l'absence à peu près totale de référence au spirituel. L'auteur de la chronique, moine bénédictin, ne parle que d'un corps autour duquel la communauté, *dealbata*, en blanc, se livra au *planctus*, à la déploration coutumière. Il parle de repas, manger, boire, et copieusement, une dernière fois aux côtés du défunt, la bombance semblant constituer l'élément majeur du rituel. Un cortège donc, un banquet, comme pour des noces, comme pour les cérémonies fêtant l'entrée d'un fils en chevalerie. L'entrée parmi les morts s'opère de même, en grande pompe et dans une semblable profusion de victuailles. Enfin, la tombe, la fosse ouverte et, surtout, c'est ce qui comptait, la nécessaire installation du cadavre dans la série des sépultures ancestrales.

Aux maîtres de la terre de Guînes, il paraissait aller de soi que la longue cohorte des morts fût placée sous la garde d'un homme de leur sang. Ils avaient dû chercher hors du lignage le premier abbé. Le prochain serait des leurs. Ils nommèrent donc Grégoire, l'un des petits-neveux du comte Manassé :

ce nom le destinait à l'état monastique. On le casa tout enfant dans l'abbaye familiale, puis, pour le préparer à diriger la communauté, on l'envoya se former à Charroux. « Voulant plaire aux grands du pays, ses parents », les moines d'Andres l'élirent à son retour. Mais ceux de Charroux qui le connaissaient imposèrent un autre candidat. Grégoire patienta. Au bout de quatorze ans, il obtint le poste. La chronique d'Andres le dit « noble de race, mais peu éclairé, gaillard de corps, bienveillant à tous, enserré dans les liens de sa parenté charnelle et de la gloriole militaire ». Il s'occupa surtout d'orfèvrerie. Quatre ans plus tard, il fut déposé en raison « de sa bêtise, de son inertie, de son inanité ». On l'accusait de trop se plaire à patiner l'hiver sur les marais gelés, comme un laïc, entraînant avec lui ses moines. Et puis on l'avait surpris « plongeant sa main, en façon d'amour lascif, dans le corsage d'une dame ». À l'époque, la réforme de l'Église avait largement gagné du terrain. On n'hésitait pas à évincer les brebis galeuses. La famille laissa faire. Elle tenait avant tout à ce que ses morts, endormis sous le pavement de l'abbatiale, fussent convenablement servis.

*

Dans les maisons religieuses où l'on priait pour les aïeux, où leurs descendants se réunissaient pour les honorer avant de venir reposer auprès d'eux, la mémoire des ancêtres s'ancra. C'est là qu'elle commença d'être confiée à l'écriture et que les premiers artisans d'une littérature tout entière consacrée à célébrer la gloire des dynasties trouvèrent non seulement de quoi nourrir leurs récits, mais des modèles de composition. Les vies de saints conservées auprès des reliquaires, les « légendes », les textes « à lire », montraient comment composer la biographie d'un héros. Les listes de papes, d'évêques, de rois, la généalogie de Jésus dans les Évangiles et jusqu'aux schémas de filiation produits dans les cours épiscopales lors de procès pour cause d'inceste montraient comment relier l'un à l'autre les maillons d'un lignage. Parfois même, on voyait la série des protecteurs de la communauté monastique figurée sous la forme d'un arbre. Telle, sur un registre de l'abbaye de Weingarten où l'on servait la mémoire des ancêtres de la grande famille des Welf, cette tige portant, greffées de génération en génération depuis la racine de la lignée, les successives représentations d'un couple – je dis bien d'un couple, un visage d'homme accolé au visage d'une femme, d'une dame, un père, une mère ensemble remémorés.

Quand, dans le dernier tiers du XIIe siècle, alors que des artistes façonnaient la plaque d'émail destinée à représenter sur son tombeau, toujours vivant, l'épée brandie, le comte d'Anjou Geoffroi Plantagenêt, Jean, moine de Marmoutier, écrivit la biographie de ce prince, il rédigeait en fait, pour être lue à haute voix périodiquement, une « légende » fort peu différente d'une vie de saint. Je ne crois pas que beaucoup de seigneurs défunts, si éclatant fût leur renom, aient bénéficié d'un hommage rhétorique aussi fastueux que celui-ci. Mais il y avait, nombreuses, les épitaphes. Les religieux les plus doués pour la composition littéraire, tels Raoul Glaber à Saint-Germain-d'Auxerre, le moine Martin à Saint-Jean-de-Montierneuf, le chanoine Gislebert à Sainte-Waudru-de-Mons avaient mission de les élaborer, de les reconstituer lorsque les mots gravés sur la pierre devenaient illisibles. Ces inscriptions funéraires gardaient le souvenir d'un nom. C'était leur fonction première. Ce que demandait Dhuoda : que le passant pût devant la tombe épeler les lettres d'un nom et le prononcer dans une courte oraison. Dhuoda pourtant voulait davantage. Elle avait enchâssé son nom parmi les mots d'un poème. Il n'était pas rare, en effet, de voir le rappel à la mémoire prendre de l'ampleur sur les flancs du sépulcre. Au milieu du XIIe siècle, Wace, un clerc au service d'Henri Plantagenêt qui transposait alors en langue romane l'ouvrage de Dudon de Saint-Quentin, décrit à sa manière les funérailles de Rollon. Il fait état du tombeau de ce prince dont Dudon n'avait rien dit. Lui l'a vu à Rouen, dans la cathédrale, dans l'un des bas-côtés du chœur, au midi :

> *Le sépulcre y est et l'épitaphe aussi*
> *qui raconte ses faits et comment il vécut.*

Un récit donc, les rudiments d'une histoire.

Wace n'écrivait pas dans une maison religieuse, il écrivait dans une cour. La littérature généalogique où je m'emploie à débusquer quelques figures de dames a germé dans les cloîtres, parmi les livres dont moines et chanoines remâchaient les mots, et dans les cryptes monastiques, devant des alignements de tombeaux, mais c'est au sein de la société courtoise qu'elle s'est épanouie. Faut-il voir dans ce transfert comme un retour vers le profane des déclamations rituelles à la mémoire des aïeux, ceci par un mouvement inverse de celui qui trois siècles plus tôt les avait transportées dans les églises abbatiales, un retournement qu'auraient à la fois favorisé le repli du monachisme, des pratiques religieuses devenues plus intimes et l'affermissement des structures lignagères ? Nous en savons trop peu sur les coutumes funéraires laïques et, plus généralement, sur ce qui se passait dans le privé des maisonnées pour supposer que les morts de la famille en faveur de qui les moines avaient été requis de psalmodier aient pour cela cessé d'être évoqués dans le cercle de la parenté.

Je suis, quant à moi, persuadé du contraire, certain que tout chef de maison continuait par devoir de conter la saga familiale à ses enfants, à ses neveux, aux fils de ses vassaux. Ou bien qu'il chargeait de le faire tel ou tel des hommes de son sang, dépositaire attitré du souvenir, comme le frère de Richard Ier de Normandie qui fut l'informateur de Dudon, ou ce garçon qui, les jours de pluie, récitait devant son cousin Arnoud, seigneur d'Ardres, et les chevaliers nouveaux ses camarades ce qu'il tenait en mémoire des exploits des ancêtres. Il y eut transfert certes, mais d'un autre ordre. Si la lignée, si la mesnie devint au XIIe siècle elle-même, ainsi que le dit Howard Bloch, « productrice de signes », et de signes qui ne sont pas aujourd'hui tout à fait effacés, si la cour fut le lieu où s'édifièrent pour l'illustration d'une famille des constructions littéraires solides dont quelques fragments subsistent encore, ce fut l'effet d'un glissement culturel.

Au milieu du XIIe siècle, la culture des chevaliers sort de l'ombre. Elle s'affirme contre la culture des prêtres. Ceux-ci ne sont plus les seuls à manier la belle écriture. La haute noblesse devient – ou plutôt redevient, Dhuoda l'était – lettrée. Des hommes capables de composer des poèmes et de les transcrire sur le parchemin sont maintenant pensionnés dans les demeures des grands. Ce sont eux les agents de l'apparent déplacement depuis le monastère ou le chapitre vers la maison noble, passage, en fait, de l'oralité à l'écriture. Ce que l'on chantait dans les cours, ces « cantilènes des jongleurs » dont le chanoine Lambert de Wattrelos rappelle en 1170 qu'elles maintenaient vivante la renommée des preux chevaliers frères de son grand-père maternel, les chansons de gestes aussi, toutes parsemées de noms propres – ce sont ceux de paladins mythiques, mais la plupart de ces noms appartenaient aux grands lignages, et beaucoup, les entendant prononcer, aimaient à penser qu'ils désignaient les plus glorieux de leurs aïeux –, cette gerbe d'épopées dont les séquences se transmettaient de bouche en bouche formait une réserve de mémoire autrement riche que celle dont les moines étaient les gardiens, bien plus présente à l'esprit des gens de guerre que les écrits entassés dans l'armoire aux livres, à l'entrée des cloîtres. Opulent trésor. Sur lui veillaient les professionnels de la chanson. Ils l'enrichissaient, glissant de nouveaux noms pour complaire à leurs mécènes. Nous les apercevons puissants autant que les publicitaires et les échotiers d'aujourd'hui. Guillaume le Maréchal savait bien ce que, publiant ses vertus, les jongleurs ajouteraient à son renom ; il les comblait de ses attentions. Alors que, dans la maison d'Ardres, on se plaignait amèrement des chansonniers, car ceux-ci, se souvenant que le chef de ce lignage avait naguère refusé à l'un d'eux les chausses d'écarlate qu'il convoitait, omettaient perfidement, lorsqu'ils interprétaient les chants de la croisade, le nom de cet aïeul qui s'était si bien battu sous les murs d'Antioche. Ce trésor cependant était fragile, beaucoup moins résistant à l'usure du temps que les épitaphes ou les « livres de vie ». Fugaces, la plupart de ces paroles se perdirent jusqu'au moment où l'on entreprit de les écrire.

Ce moment, le milieu du XIIe siècle, est celui où, dans le cours d'une évolution qui conduisait à la restauration de l'État, la primauté du roi de France commençait à s'imposer. Elle mettait en cause l'indépendance des dynasties princières. Celles-ci se défendaient. Elles prirent appui sur ce môle, sur cette assise primordiale, le souvenir de la gloire ancestrale, garante d'une légitimité, de la libre possession d'un patrimoine. Porter des offrandes aux moines pour qu'ils entretiennent de leur mieux la *memoria* était un acte de piété. Consolider les armatures d'une généalogie devint un acte politique. Rappelant les exploits des ancêtres, les droits qu'ils avaient conquis, tenus à la pointe de l'épée, c'était faire front plus fermement aux prétentions d'un pouvoir concurrent. Des monuments littéraires furent donc bâtis comme des remparts.

Monuments en effet. Il les fallait imposants, superbes, couverts d'ornements, comme l'avaient été par les Romains les arcs de triomphe, comme l'étaient de plus en plus souvent les tombes. À cette fin, on fit appel à des écrivains patentés, à des « maîtres » qui s'étaient formés dans l'école aux arts du discours, à la grammaire, à la rhétorique, donc à des gens d'Église. Mais plutôt qu'à des moines enfermés dans leurs propres liturgies, les chefs de famille passaient commande à des clercs. Ces hommes de culture écrite, ils pouvaient les attirer chez eux. Incorporés à la maisonnée, ils seraient dociles. Ces ouvrages furent, au plein sens du terme, domestiques. De fabrication et d'usage internes. La vie n'était pas sans attraits dans les riches demeures. Afin de gagner les faveurs du patron, de s'asseoir à sa table assez près de lui pour saisir de bons morceaux, ces habiles artisans mirent en œuvre le fort de leur expertise. Comme on l'attendait d'eux, ils exprimèrent ce que pensait le maître, ce dont il voulait que le souvenir fût gardé, dans un langage d'apparat, celui des vies de saints, des épitaphes, des prières que l'on chantait dans les fumées de l'encens autour des catafalques. Ils écrivirent en latin, le latin précieux de la « renaissance du XIIᵉ siècle », ampoulé, encombré de boursouflures. Puis le temps passant, certains, dans les cours les plus ouvertes, en vinrent à employer la langue de la jeune littérature de divertissement, le dialecte roman, l'idiome sophistiqué par quoi les gens bien nés aimaient à se distinguer du vulgaire.

Ces écrivains étaient capables de tirer leur information des écrits du passé. On s'aperçoit qu'ils ont fouillé dans les coffres où l'on serrait les chartes, cherché dans les cartulaires et les chroniques de quoi étoffer, prolonger la mémoire vivante. En fait, pour eux et pour ceux qui les entretenaient, cette besogne d'érudit demeurait accessoire. On leur demandait avant tout de mettre en forme solennelle et solide la mémoire à demi fidèle, souvent floue et parfois extravagante que conservaient dans leur tête les hommes de la parenté, seuls habilités, en vertu du sang qui coulait dans leurs veines, à évoquer, à convoquer, rendre plus présents les morts du lignage par des paroles répétées. Ces paroles, les écrivains à gages les recueillirent, les ennoblirent en les transposant dans le latin des liturgies. Prenant modèle sur les généalogies royales, ils ordonnèrent le récit le long d'un axe, le tronc lignager partant du fondateur, s'élevant de génération en génération jusqu'à celle du commanditaire. Prenant modèle sur les vies de saints, ils disposèrent sur cet axe des vignettes semblables à celles qui ornent le manuscrit de Weingarten. Des figures d'hommes, des figures de femmes. Des biographies.

À propos de ces textes, une question se pose : quand, comment, où, dans quelles circonstances, par quels truchements, devant quel auditoire, leur contenu était-il communiqué ? Elle est sans réponse. Tout nous échappe des modalités de la « performance », de la façon dont on utilisait dans la maison le souvenir ainsi mis en réserve et magnifié. Du moins devine-t-on, très communément partagée dans les familles de la noblesse, la volonté d'emmagasiner ce souvenir à l'intention de ceux qui viendraient après, des descendants, pour leur enseignement moral, pour qu'ils ne « dégénèrent » pas, qu'ils demeurent aussi nobles que leurs aïeux. Mais aussi pour raffermir leurs droits, les conforter dans leur puissance. Je crois à la très vive efflorescence de ce genre littéraire, et non seulement autour des maîtres des plus fortes principautés. Il n'en reste pourtant que des bribes. Cela ne doit pas surprendre. La plupart des dynasties que célébraient ces poèmes se sont éteintes. Les livres composés pour leur gloire perdirent leur intérêt. On les négligea. Presque tous périrent. Quelques épaves ont pourtant surnagé, le plus souvent dans un unique manuscrit tardif, une copie commandée par les lointains héritiers de très vieilles seigneuries, dans les derniers temps du Moyen Âge. Ces vestiges sont rares mais de grand prix, témoins les plus fidèles de ce que les maisons nobles du XIIe siècle pensaient d'elles-mêmes. On y perçoit notamment le reflet, fugitif, indécis, d'une image, celle que je m'efforce de recomposer. L'image que les chevaliers du XIIe siècle se faisaient des dames.

IV

Mémoire des dames

Recourir à la littérature lignagère pour discerner les contours de quelques silhouettes féminines peut paraître pourtant paradoxal. Le lignage, en effet, était affaire d'hommes. L'affaire des maîtres qui, par l'effusion de leur semence, procréaient le garçon destiné à prendre la tête de la maison lorsqu'ils auraient quitté ce monde, qui, dans ce but, avaient épousé la femme que leur père leur avait procurée et l'avait fécondée. C'était leur devoir, ce qu'exprime clairement le rituel des noces. Baudouin II, comte de Guînes, mariait son fils aîné. À la fin du jour, tandis que les réjouissances se poursuivaient au-dehors dans la montée des ténèbres, tandis que la foule des invités se goinfrait, continuait de s'enivrer, de s'esclaffer aux obscènes facéties des histrions, il était entré dans la demeure du nouveau couple, dans la chambre. On avait paré, orné comme une sorte d'autel le lit nuptial et les prêtres venaient de dûment l'encenser, l'asperger d'eau bénite comme, quelques années plus tard, à la mort du comte, ils encenseraient, ils béniraient dans l'église la litière où reposerait sa dépouille. Les époux se trouvaient là, déjà couchés, prêts à la besogne amoureuse. Levant les yeux et les bras au ciel, Baudouin appela sur eux les grâces du Tout-Puissant. Que demandait-il ? « Que se multiplie dans la longueur des jours et des siècles la semence. » *Semen.* Ce terme latin, je le sais, signifie lignée, descendance. Mais il désigne d'abord cette chose concrète, cette humeur, le sperme. La crainte de tous les chefs de famille, le souci lancinant qui rongea Manassé, grand-oncle du comte Baudouin, et qui fit blanchir ses cheveux avant l'âge, c'était « qu'il ne subsistât plus de semence issue de leur propre corps ». Ces seigneurs songeaient évidemment à la bonne, à la masculine. Manassé, qui fut obligé de « mendier à l'une de ses sœurs un héritier », jugeait celui-ci « d'une semence étrangère » : sa mère avait été ensemencée par un homme d'une autre lignée. En conséquence, lorsqu'un seigneur se référait à son ascendance, en premier lieu revenait à sa mémoire la figure de ses pères, de ces hommes qui avaient efficacement semé dans les flancs de leur dame la graine de leurs successeurs. Des figures de chevaliers, vociférant dans le tumulte des combats, entichés de leur exubérante virilité.

Une telle fixation sur les valeurs masculines est éclatante dans le rapport que Fouque Réchin entreprit en 1096 de dicter, récitant sa propre généalogie, afin de prouver qu'il détenait légitimement le comté d'Anjou. « Moi, Fouque, comte angevin, fils de Geoffroi de Château-Landon et d'Ermengarde, fille de Fouque, comte angevin et neveu de Geoffroi Martel qui fut le fils de ce même mien aïeul Fouque et le frère de ma mère [d'entrée de jeu, le comte se situe par rapport à ces deux hommes dont il a hérité l'" honneur ", le pouvoir de commander qu'on lui conteste], j'ai décidé de confier à l'écrit comment mes ancêtres ont acquis et tenu leur honneur jusqu'à mon temps, et puis comment j'ai tenu ce même honneur aidé par la miséricorde divine. » Le but est clair. Il est politique : attester des droits, le grand seigneur parlant lui-même, et le latin très simple, dénudé du texte vient peut-être directement de lui, assez lettré comme beaucoup de princes en cette fin du XIe siècle pour se passer de l'entremise d'un traducteur ecclésiastique. Ce témoignage est exceptionnel. Il révèle comment un homme de guerre pensait en ce temps sa généalogie. Le souvenir, Fouque l'expose, dit-il, tel « que mon oncle Geoffroi Martel me l'a conté ». Peut-être ce souvenir a-t-il été quelque peu rafraîchi par les hommes d'Église qui servaient le comte et qui, déroulant le parchemin de vieilles chartes, cherchaient de quoi étayer ses prérogatives. Retenons toutefois la manière dont se transmettait normalement la mémoire. C'était bien le chef de maison qui l'entretenait parmi les jeunes gens qu'il hébergeait, et très spécialement dans l'esprit de celui d'entre eux dont il savait qu'il serait après lui le responsable de l'honneur c'est-à-dire de tout le patrimoine, les terres, la puissance et le capital de gloire accumulé au fil des siècles. Son devoir était de rappeler les exploits des aïeux avant qu'on ne les oublie, de vanter leur courage, leur force physique, leur fidélité, toutes les vertus cavalières dont ils avaient fait preuve.

La mémoire ici remonte très haut, sur sept générations. Elle s'étend très exactement jusqu'aux extrémités de l'espace, démesuré, au sein duquel l'autorité ecclésiastique prohibait l'inceste, interdisant aux descendants d'un même ancêtre de s'épouser entre eux. Une telle exigence obligeait dans les grandes familles, celles que les évêques surveillaient de près, à retenir des très anciens aïeux au moins les noms. Chaque fois qu'une fille était donnée en mariage, il valait mieux, pour éviter procès en cour d'Église, être en mesure de placer sous les yeux des prélats une généalogie, elle aussi bâtie sur sept étages. On conservait justement, au monastère Saint-Aubin d'Angers, cinq documents de cette sorte, cinq listes d'ancêtres. Je suppose qu'elles furent dressées à l'occasion des multiples remariages de ce même Fouque Réchin qui n'arrêtait pas de changer d'épouse. Tous placent au septième degré, à la source de la « semence », Enjeuger. On sait par d'autres écrits que cet homme vivait quelque cent cinquante ans plus tôt. Fouque dans son récit le dit aussi *primus.* Il fait suivre son nom de trois autres que portèrent son fils, son petit-fils, le fils de ce dernier. Rien de plus n'est dit de ces très lointains aïeux. « Je ne peux pas, avoue Fouque, commémorer dignement les vertus et les actes de ces comtes car ils sont si éloignés que les lieux où reposent leur corps nous sont inconnus. » Point de tombeaux, point d'épitaphes : aussitôt la mémoire défaille. Elle n'est vive que sur un siècle. Des trois comtes qui l'ont précédé, Fouque est capable de rappeler les « gestes », les batailles où ils triomphèrent, ce qu'ils ont fait au bénéfice de l'honneur. En effet, c'est bien de l'honneur qu'il s'agit, de la principauté angevine, de son destin. Les hommes passent, elle survit, transmise de main en main. Des mains évidemment masculines, assez vigoureuses pour la défendre, pour en repousser les frontières, des mains de preux, brandissant le glaive de justice et de paix qu'on leur a solennellement remis à la fin de leur adolescence. Toute cette histoire est une histoire d'hommes. Fouque ne se soucie pas d'en nommer les épouses : elles n'ont pas tenu l'honneur. Toutefois, fait remarquable, il ne dit rien non plus de son père, sauf le nom. Car rien ne lui est resté des pouvoirs que Geoffroi de Château-Landon a détenus en Gâtinais ; ces pouvoirs, Fouque les a bradés, cédés au roi de France pour obtenir l'investiture d'un héritage beaucoup plus substantiel, le comté d'Anjou. Les seuls ancêtres qui, pour lui, méritent d'être rappelés sont ceux de sa mère, la seule femme qui soit nommée dans cette longue relation. Elle l'est deux fois, à l'ouverture du discours. En effet, tout ce que détient Fouque lui est venu par elle. Elle lui a donné le sang des Angevins, et c'est grâce à ce sang qu'il exerce légitimement son pouvoir.

Apparaît ici l'essentiel et ce qui rend les récits lignagers si précieux pour qui cherche à connaître le sort des dames du XIIe siècle. Le ventre des femmes n'est pas simple réceptacle. Le germe déposé par le mâle n'y mûrit pas seul. Cette tendre coque sécrète ses propres humeurs. Le sang d'une femme s'y mêle au sang de l'homme, et sa propre semence s'y conjoint à la masculine, car, nombre d'indices le révèlent, on croyait alors communément à l'existence d'un sperme féminin. *Semen eorum,* « semence des deux époux », écrit d'ailleurs l'auteur du récit généalogique – il pesait ses mots, il avait lu des traités d'histoire naturelle – quand il reconstitue la prière de Baudouin de Guînes devant la couche nuptiale de son héritier. Puisque la dame intervient dans la gestation de manière aussi décisive, le fils peut prétendre saisir les droits que détenait le père de sa mère. Si celui-ci n'a pas de descendant mâle, il hérite ses biens, et parfois, songeons à Richard Cœur de Lion, fils d'Aliénor, petit-fils de Guillaume d'Aquitaine, ces biens sont immenses. De toute façon, il en hérite les vertus, le renom, ce qui faisait le prix du sang maternel. Cette femme qui l'a couvé dans ses entrailles a fait le pont entre deux lignées, entre la maison dont elle est sortie et celle où on l'a conduite en grande pompe le jour de ses noces dans l'espoir qu'elle serait bientôt enceinte. Elle est le lien, la « copule ». Instrument de l'alliance, la dame, bien sûr, est un objet. Mais, pour ce dont il est porteur, cet objet est de valeur très singulière. Valeur de ces filles, de ces sœurs, de ces nièces que le bon seigneur distribue en récompense parmi les jeunes guerriers qu'il instruit et dont il attend qu'ils le servent fidèlement. Valeur des femmes de sa semence qu'il a mission d'implanter par mariage dans d'autres maisons, attachant celles-ci à la sienne puisque, à la génération suivante, les fils issus de ces unions vénéreront les mêmes ancêtres que lui. Si la mémoire généalogique se déploie en éventail et remonte souvent plus haut du côté maternel que du paternel, si des figures féminines prennent nécessairement place dans ce souvenir, ce n'est pas parce que les dames en ont spécialement la garde : la plupart des noms dont Dhuoda a dressé la liste sont masculins. Les aïeules sont présentes pour le rôle qu'elles ont tenu dans le destin de la lignée. Quand les jureurs venaient réciter une généalogie devant l'évêque pour confirmer ou pour détruire une présomption d'inceste, ils devaient bien les nommer elles aussi, et la littérature familiale ne pouvait omettre le nom de certaines, au moins, d'entre elles.

Deux raisons font qu'elle les retenait fermement. La première est la force du lien affectif unissant dans cette société le fils à sa mère. Généralement, on l'avait expulsé très jeune de la maison natale, comme le fut le fils de Dhuoda. Son père, pour lui, devenait vite un étranger, et plus tard un rival lorsque, grandissant, il languissait de jouir librement des profits de la seigneurie. En revanche, il s'accrochait au souvenir de la mère dont il avait été arraché et dont il gardait l'impérissable nostalgie. Il vénérait tout ce qui touchait à cette femme, y compris les défunts de son ascendance. La seconde raison est plus puissante : dans la plupart des couples, l'homme était de moins haute extraction, moins fortuné que sa femme. Une telle disparité entre les deux conjoints semblait normale. Quand, par accident, un père donnait à son fils aîné une épouse qui ne se situait pas au-dessus mais en dessous de lui, il sentait la nécessité de se justifier. Ç'avait été le cas lorsque le même Baudouin de Guînes avait épousé la fille du seigneur d'Ardres, vassal de son père. L'historien domestique qui relate l'événement un demi-siècle plus tard ne mâche pas ses mots. Il parle à propos de ce mariage d'« humiliation ». L'excuse était cette paix perpétuelle qu'il fallait établir à toute force entre deux maisons qui s'affrontaient depuis des générations au grand dam du pays : dans des circonstances analogues, « beaucoup de nobles, de ducs, et même de rois et d'empereurs avaient accepté de s'abaisser de la sorte ». De s'abaisser.

Que la femme fût d'ordinaire plus noble que son mari tenait à l'état du marché matrimonial. Il était déséquilibré. Pléthore de filles offertes, pénurie de garçons preneurs. Les chefs de maison s'efforçaient, en effet, de marier toutes les femmes en leur pouvoir. Il leur en restait souvent sur les bras quelques-unes. Henri, châtelain de Bourbourg, avait cinq filles, il ne parvint à en caser que deux, les trois autres vécurent vierges jusqu'à leur mort dans le petit monastère de femmes accolé à sa demeure. On l'avait fondé pour cela, pour héberger les femmes en surnombre. Si j'en crois Gislebert de Mons qui composa en 1196 leur généalogie, les comtes de Hainaut furent plus heureux. Sauf deux, toutes les demoiselles et dames de leur famille furent, au cours du XIIe siècle, mariées et remariées. Baudouin IV donna ses sœurs, ses nièces, ses cousines aux chevaliers qui tenaient en communauté les châteaux de Mons et de Valenciennes, s'assurant ainsi la fidélité de tout ce qui comptait dans le pays. « De son vivant, en pleine capacité, il maria ses trois filles à trois guerriers valeureux, alors que depuis longtemps, ajoute Gislebert, on n'avait entendu dire qu'aucun comte de Hainaut ait vu chevalier un de ses fils, ni mariée une de ses filles. » Tel était bien le vœu du père de famille, insérer l'ensemble de sa progéniture dans le tissu social, les filles par les noces – ou, plus exactement, par la maternité légitime puisqu'une femme en ce temps n'avait pas d'utilité ni vraiment d'existence sociale tant qu'elle n'était pas mère –, les mâles par l'adoubement, la remise des armes.

Non pas, cependant, par le mariage. Car les chefs de maison qui craignaient de voir après leur mort le patrimoine ancestral morcelé, divisé entre les fils de leurs garçons, répugnaient à laisser plus d'un seul d'entre eux se mettre en ménage. Cette prudence fut efficace : les documents que j'interroge montrent fort peu d'arbres généalogiques qui n'aient pas crû en droite ligne, sans branche adventice, jusque vers 1180, jusqu'au moment où les restrictions aux mariages des fils commencèrent à se relâcher, parce que la circulation de la monnaie, devenant toujours plus fluide, ôtait de leur rigidité aux fortunes nobles et rendait plus aisé d'acheter pour tel ou tel cadet un établissement. Mais jusque-là, les donneurs de garçons avaient eu le beau rôle, le choix parmi tant de filles offertes. Ils choisissaient les partis les plus avantageux, soit le meilleur sang, soit la grosse dot, leur préférence allant évidemment aux filles aînées, dépourvues de frères et d'oncles, dont ils avaient lieu d'espérer qu'elles hériteraient. Il arrivait aux femmes ainsi soldées à des inférieurs par leur père ou leur frère de renâcler. Jean de Marmoutier, enjolivant l'histoire des comtes d'Anjou et reportant deux siècles en arrière des attitudes et des démarches qu'il observait autour de lui, imagine les déboires d'une orpheline, la fille d'un comte de Gâtinais. Lorsque celui-ci mourut, le roi de France, son seigneur, offrit l'enfant, avec l'héritage, au chambellan de la maison comtale, un homme dont il était sûr. Elle refusa, protesta. Il était indécent, criait-elle, de « poser sur elle » un mari de si médiocre condition. Le roi la confia à son épouse, et la reine eut tôt fait de mettre au pas la récalcitrante. Le plus souvent, cependant, les filles passaient d'une maison dans une autre sans souffler mot. On leur avait seriné qu'elles devaient obéir et la plupart des promises étaient jeunettes. Les deux parentés concluaient d'ordinaire le pacte bien avant qu'elles ne fussent nubiles : la fille du comte de Namur avait tout juste un an lorsqu'Henri de Champagne, après la cérémonie de fiançailles, l'emmena dans sa demeure, pour d'ailleurs l'y oublier dès que se présenta un parti plus profitable.

Le cas de ces enfançonnes montre crûment à quoi servait le mariage, pourquoi les filles devenaient dames, ce qu'elles étaient pour les hommes : des corps donnés, pris, mis en réserve pour la qualité de leur sang, mis au rebut lorsqu'on n'en pouvait plus rien tirer. De toute manière, du fait de ces pratiques, les aînés, les futurs héritiers se mariaient pour la plupart au-dessus d'eux, et lorsque l'un de leurs frères plus jeunes parvenait à se marier lui-même, il prenait femme également plus haut que lui. Car il la recevait en récompense du patron qu'il avait servi, et qui, pour s'en faire mieux aimer, lui octroyait une pucelle de sa parenté, donc de plus brillante noblesse. Bref, les tractations entre familles et la stratégie des hauts seigneurs aboutissaient d'ordinaire à placer la femme en position de supériorité à l'intérieur du couple conjugal, et, pour cela, pour ce qu'elle avait apporté de prestige, à lui valoir après sa mort la vénération de sa descendance.

Dans l'histoire des seigneurs d'Amboise, on lit le nom d'une dame, Denise. Le chanoine anonyme qui rédigea ce texte vers 1155 accompagne ce nom d'un flambant éloge. Ceci pour trois raisons. En premier lieu, cette femme était très riche, du bien de son oncle, Geoffroi de Chaumont (un curieux personnage : pour la stupéfiante beauté de son corps, on le surnommait la Pucelle ; de fait, il ne se maria jamais et se fit chevalier errant lorsqu'il eut laissé tout son avoir à sa nièce, suivit en 1066 Guillaume le Conquérant et, dans l'aventure, devint richissime, trimbalant dès lors dans ses allées et venues entre la Normandie et le Val de Loire un gros trésor d'or et d'argent dont il tira, en 1096, de quoi équiper le fils de Denise qui partait pour Jérusalem). Autre mérite, Denise s'était montrée docile comme devraient l'être toutes les filles, acceptant le mari qu'on avait choisi pour elle. Il lui était pourtant très inférieur, fils d'un vassal du comte d'Anjou Geoffroi Martel ; celui-ci, victorieux, avait en 1044 arraché Denise, comme un butin de guerre, à son oncle Geoffroi la Fillette afin de magnifiquement rétribuer l'un des principaux artisans de sa victoire. Enfin, devenue dame, Denise avait tenu parfaitement son rôle et donné, comme devraient le faire toutes les épouses, le garçon qui hériterait les biens et la gloire de ses ancêtres. L'éloge était là pour que sa mémoire fût conservée pieusement dans la famille.

Lorsque des hommes d'Église, mieux armés pour conjoindre au souvenir l'apport des sources écrites, en viennent à évoquer leur propre ascendance, on voit plus nettement encore ce que les hommes du XIIe siècle devaient pour la plupart à leurs aïeules. Vers 1170, Lambert de Wattrelos rédigeait à Saint-Aubert-de-Cambrai des *Annales*. Parvenu à l'année 1108, date de sa naissance, il décida de dire « de qui il venait ». Il se raconte. À l'âge de sept ans, il a quitté la maison natale. Son oncle maternel, l'abbé de Mont-Saint-Éloi, est venu demander « à sa mère de le lui donner ». À la mère et non pas au père. À la femme qui avait porté l'enfant dans son sein, qui l'avait nourri de son lait, à qui l'enfant appartenait bien plus qu'à son géniteur. Ce fut elle qui décida, et ce fut à quelqu'un de son propre lignage qu'elle confia son fils. Se discerne ici le pouvoir que la maternité confère aux dames : elles sont puissantes par leurs garçons. Mais le récit montre aussi par quoi ce pouvoir est renforcé. Sa vigueur vient de ce que, dans cette lignée, toutes les épouses ont été de meilleure naissance que leur mari. Lambert se souvient. Le domaine où il naquit était l'héritage de sa grand-mère paternelle ; le grand-père, un cadet sans fortune, s'y était installé. Quant au lignage de sa mère, il l'emportait nettement sur celui de son père. L'honneur, tout ce dont Lambert est fier, les relations grâce auxquelles il fit carrière dans l'Église, tout lui vient de sa mère, de sa « douce mère », Gisèle. C'était la fille, dit-il, d'un homme « très riche » dont dix frères avaient péri dans le même combat, et les jongleurs chantaient encore, un siècle après, leur vaillance ; cet homme devait sans doute, comme tant d'autres, une part au moins de sa richesse à son épouse. Issue, selon Lambert, du « très haut sang de la noblesse flamande », cette femme avait des frères aussi, beaucoup. Onze d'entre eux avaient répandu leur « semence » dans tout le pays ; elle n'avait donc pu, en se mariant, apporter de la terre ; mais elle était venue avec des esclaves des deux sexes et surtout un copieux capital de renommée. La noblesse dont se targue son petit-fils procède essentiellement de cette grand-mère. De ce côté, du côté maternel, figurent en effet parmi ses parents des abbés, des abbesses, une kyrielle de fougueux guerriers, Richard de Furnes, qui fut porte-étendard du comte Guillaume Cliton et perdit la vie à la bataille d'Axpoel, les « très fameux chevaliers de Lampernesse », un oncle, encore, qui mourut en combattant pour le roi d'Angleterre Henri Ier.

C'est aussi par les femmes que Robert, abbé du monastère cistercien de Foigny, dit descendre de Robert le Fort, l'ancêtre des Capétiens. Par sa mère, Adélaïde, par la mère de sa mère, Adèle, par Adèle mère de sa grand-mère, par Béatrice, mère de celle-ci, fille d'Edwige, elle-même fille d'Hugues Capet. Son cousin, Guy de Basoche, sait lui aussi fort bien d'où provient le meilleur de son sang. Il l'a reçu de dame en dame. En 1190, il rappelle au fils de sa sœur qu'il est *ex materna* de souche impériale et royale. Royale : Hugues Capet est son ancêtre par la même Edwige, la même Béatrice, arrière-grand-mère de sa mère. Impériale : le sang des Ottoniens lui vient d'une petite-fille d'Henri l'Oiseleur, aïeule au septième degré d'Adèle, mère de sa mère, laquelle descendait à la dixième génération, et par les femmes encore, de Judith, fille de Charles le Chauve. Des femmes, ces filles, ces veuves que les chefs de lignage répandaient généreusement autour d'eux, les donnant à des hommes de moindre noblesse par intérêt familial et par munificence, ont dispersé de toutes parts le sang des rois. Une parcelle de ce sang, du sang de Charlemagne, coule dans nos veines, les vôtres, les miennes peut-être, en tout cas dans celles de beaucoup d'entre nous, bien plus nombreux que nous n'imaginons. Il fut très souvent transmis par bâtardise, par des compagnes de rencontre. Mais il le fut aussi parfois, dans le lit conjugal, par des dames.

La régulière prédominance du féminin au sein du couple légitime, les égards dont, si fiers qu'ils fussent de leur virilité, si craintifs et, par conséquent, si méprisants devant la femme, les guerriers entouraient les aïeules, ces bonnes, ces nobles épouses qui, leur répétait-on, avaient fortement contribué à la gloire de leur maison, cela fait que je trouve dans la très masculine littérature généalogique de quoi entrevoir les traits de quelques dames du XIIe siècle. Voici maintenant ce que m'a fait connaître cette littérature et spécialement deux de ses rares vestiges. L'un concerne la très grande maison des ducs de Normandie. L'autre, une lignée plus modeste, celle des comtes de Guînes.

ÉPOUSES ET CONCUBINES

I

Généalogie d'un éloge

Je reviens à Henri Plantagenêt, et tout naturellement : la cour la plus brillante d'Europe se réunissait autour de ce prince ; il soutenait l'essor de la culture chevaleresque, car elle s'opposait, non seulement à la culture des prêtres, mais à celle, austère, tout imprégnée de sacralité, dont la cour du Capétien, son rival, était le foyer ; et pour rehausser l'éclat des assemblées périodiques de guerriers et de dames devant qui, interrompant un moment ses interminables chevauchées, il se montrait dans sa puissance et sa largesse, il entretenait dans sa maison les écrivains les plus talentueux et les plus hardis de son temps. Quantité de poèmes furent composés pour lui plaire. Deux d'entre eux me livrent une bonne part de ce que je cherche.

Par son père, Henri descendait des comtes angevins. Du côté maternel, comme c'était le cas de presque tous les nobles, il pouvait se réclamer de plus glorieux ancêtres. Petite-fille de Guillaume le

Conquérant, sa mère était l'héritière des ducs de Normandie, le sang de Rollon coulait dans ses veines, et c'est en arguant des droits qu'elle détenait, en réclamant l'héritage de son grand-père, le roi Henri Ier dont il portait le nom, qu'Henri Plantagenêt avait revendiqué la couronne d'Angleterre, qu'il s'en était emparé en 1155, se posant désormais en successeur du roi Arthur de la légende. À la mémoire de ses aïeux normands, il voulut voir ériger un monument digne d'eux, éclatant. Il souhaita que leur histoire fût écrite en roman, dans le langage que l'on parlait à sa table. Benoît de Sainte-Maure se mit à l'ouvrage.

Vers 1165, Benoît avait offert au roi Henri II, glissant au passage l'éloge discret de son épouse Aliénor, l'immense *Roman de Troie,* un récit rempli de faits d'armes, chantant les exploits d'Hector, d'Achille costumés en chevaliers courtois. Le poète, toutefois, averti des goûts de son public, avait jugé bon d'introduire quelques femmes dans cette longue suite d'épisodes militaires. Des guerrières, les Amazones, leur reine, Penthésilée. Des amoureuses aussi. Il montrait Médée, enflammée de désir, s'apprêtant à rejoindre Jason en pleine nuit dans la grand-salle au milieu des cavaliers endormis, reculant pourtant devant l'indécence d'une telle démarche, attirant cet homme dans sa chambre et se livrant à lui. Il montrait Hélène lorsqu'elle reçut l'aveu de Pâris et le don de son cœur. Il montrait Briseida, oublieuse de l'amour promis à Troïlus, cédant, inconstante, aux avances de Diomède. « Deuil de femme dure peu, elle pleure d'un œil, de l'autre rit [...]. Assez folle est la plus sage [...]. Jamais elles ne croient mal faire. Qui se fie à elle se trahit et s'abuse lui-même. » Foncièrement misogyne, l'œuvre s'attachait cependant à séduire les dames et les demoiselles, décrivant minutieusement robes, manteaux, miroirs, fanfreluches et livrant aux émois de l'amour les paladins sortis pour un moment de leur carapace. Ce roman avait plu. Benoît de Sainte-Maure appliquait maintenant son talent reconnu à satisfaire son protecteur.

En fait, il n'était familier ni de la Normandie ni de la maisonnée ducale. Sans doute se trouvait-il depuis quelque temps agrégé à celle, très composite, du roi duc, mais il venait de Touraine, un pays qu'avaient dominé les aïeux paternels du Plantagenêt. Il eût été mieux placé pour parler d'eux. Ne pouvant puiser directement aux sources de la mémoire lignagère normande, Benoît amplifia, il couvrit de paillettes ce qu'il trouvait dans l'œuvre d'autrui. C'est ainsi qu'il utilisa sans vergogne celle, toute récente, de Wace. Wace ou Guace, lui, était normand. De Jersey. Intimement, anciennement lié à la famille des ducs. Au début du XIe siècle, l'un de ses ancêtres avait, semble-t-il, tenu l'office de chambellan auprès de Robert le Diable. Lui-même était déjà peut-être « clerc lisant », chargé dans la maison de tout ce qui touchait à l'écriture, auprès du roi Henri Ier. En tout cas, en 1155, au moment où Henri le Second s'établissait sur le trône anglais, il avait dédié à Aliénor un *Roman de Brut* (c'est-à-dire de Brutus, fondateur mythique du peuple des Bretons). S'inspirant de Geoffroi de Monmouth, de son histoire légendaire des rois de Bretagne, ce récit contait les aventures du roi Arthur. Il vantait l'éclat de sa cour, la montrait, préfigure de celle du Plantagenêt, attirant toute la chevalerie de Bretagne et d'Écosse, « les Francs, les Normands et les Angevins, les Flamands, les Bourguignons et les Lorrains ». Dans le prolongement de ce poème, Wace venait – c'est du moins ce qu'il semble, car la chronologie de ces œuvres est fort incertaine – de composer dans le prolongement du *Roman de Brut* celui de *Rou* (c'est-à-dire de Rollon), une histoire des ducs de Normandie. Il avait, lui, interrogé les membres de la parenté, recueilli des souvenirs qui s'étaient transmis dans la maison de génération en génération, il avait tiré le reste des livres, prenant soin, en historien consciencieux, d'avertir ses auditeurs lorsqu'il passait des sources orales aux sources écrites.

Wace s'était fondé principalement sur un ouvrage en latin que Guillaume, moine de l'abbaye de Jumièges, avait dédié en 1070-1071 « au pieux, victorieux et orthodoxe Guillaume, roi des Anglais par la grâce du Roi suprême ». Cette *Geste des ducs normands* contenait sept livres, un pour chaque duc, depuis le livre II consacré à Rollon, jusqu'au livre VII consacré à Guillaume. Écrit aussitôt après la conquête de l'Angleterre, l'ouvrage entendait soutenir la légitimité d'un pouvoir contesté, mettre en évidence, comme le fit un peu plus tard la « Broderie de la reine Mathilde » dite « Tapisserie de Bayeux », les droits qu'avait le Conquérant de succéder dans la dignité royale à Édouard le Confesseur, mais aussi et surtout démontrer que Guillaume le Bâtard était le droit héritier de la Normandie. Cette démonstration occupe une bonne moitié du livre VII. Le texte, monastique, est austère, ramassé, aussi dépouillé, aussi robuste que les piliers, que les voûtes de l'Abbaye-aux-Hommes à Caen que l'on édifiait à l'époque. Il fut recopié dans divers ateliers d'écriture, abondamment : il en reste aujourd'hui quarante-cinq manuscrits. Certains des hommes d'Église qui le reprirent se soucièrent de le compléter, très tôt, du vivant même du duc Guillaume ou tout de suite après sa mort. Élisabeth van Houts a suivi attentivement cet enrichissement progressif, d'abord à Saint-Ouen de Rouen et à Saint-Étienne de Caen, en 1096-1100, puis dans le monastère de Saint-Évroul où Orderic Vital, vers 1113, récrivit le livre VII, le nourrissant de nombreuses interpolations (c'est sans doute cette version qu'employa Wace), enfin à l'abbaye du Bec. Le prieur de cet établissement, Robert de Thorigny, futur abbé du Mont-Saint-Michel, rajouta de copieux développements. Avec lui, l'attention se déplaçait, elle glissait de la dynastie princière vers la noblesse du pays, dans le souci d'en rattacher les multiples branches à la souche ducale. Robert était féru de généalogie en un temps, le début du XIIe siècle, où les exigences de l'autorité ecclésiastique en matière d'inceste avivaient dans les familles la mémoire des ancêtres.

Guillaume de Jumièges avait lui-même largement exploité le livre *Des manières de vivre et des actions des premiers ducs de Normandie* dont l'auteur, Dudon, avait achevé la rédaction entre 1015 et 1026. Par cette histoire, la plus ancienne et l'une des plus somptueuses jamais écrites en France à la gloire d'une dynastie princière, nous touchons au socle sur quoi repose l'ouvrage qu'Henri Plantagenêt commanda d'écrire en l'honneur des aïeux dont il était le plus fier. Dudon était l'un des chanoines de la collégiale de Saint-Quentin-en-Vermandois. Sans doute formé à Laon dans l'école cathédrale – son œuvre est dédiée à l'évêque Adalbéron ; il s'adresse à celui-ci comme à son maître, lui demandant de corriger son travail et de confirmer par son « autorité » la qualité du livre –, Dudon possédait une habileté exceptionnelle dans les arts de l'écriture. Il maniait en virtuose le latin compliqué, baroque qui plaisait à l'époque. Mais il se plaisait aussi à cultiver la *sapientia,* la science sacrée – « mystique », écrit-il, laissant ainsi entendre qu'il connaissait le grec, se situant par là dans la filiation de Jean Scot, l'Irlandais, le savant dont la gloire, à l'apogée de la renaissance du IXe siècle, avait rayonné depuis Compiègne, depuis la chapelle de l'empereur Charles le Chauve, et dont on conservait les livres à Laon. Au début de son règne, le roi des Francs, Hugues Capet, utilisa Dudon, éminent représentant de la haute culture carolingienne qui reprenait une nouvelle vigueur au tournant de l'an mille dans le vieux pays franc. Il l'envoya en mission auprès du chef des pirates de la basse Seine, Richard. Celui-ci l'apprécia. Il le retint. Rangé désormais parmi les familiers du prince, Dudon « voulut, en raison de ses innombrables bienfaits, lui rendre l'*officium* de son service ».

Richard avait été éduqué auprès du roi Louis d'Outremer, « nourri » dans la maison du souverain, comme l'avait été au siècle précédent le fils de Dhuoda, comme l'étaient encore, dans le palais, les garçons des plus puissantes familles du royaume. Le jeune Viking en était revenu ébloui par l'éclat de la culture franque. Dans les dernières années de son principat, il s'employait à restaurer les études dans les cloîtres épiscopaux de Normandie, en premier lieu à Rouen, autour de Robert, l'un de ses fils qu'il avait fait archevêque. Il avait besoin d'un homme qui l'aidât, comme Alcuin avait aidé Charlemagne dans une semblable entreprise, d'un maître à bien parler et à bien penser. Nul ne lui parut plus qualifié que Dudon pour remplir cette fonction. Dudon appartenait à l'ordre des chanoines dont le rôle, comme il le précise lui-même dans son livre, consistait à guider les dirigeants de l'« ordre laïc », de les instruire, en particulier dans les arts du langage. Le livre que Richard lui demanda d'écrire en 994 et auquel il travailla pendant plus de vingt ans, est pour une part éducatif. C'est un manuel de rhétorique. Parsemé d'exercices de versification, il propose des modèles de belle écriture, tels, dans le préambule, les deux poèmes dédiés à l'archevêque Robert.

Cependant, lorsque Richard lui commanda la relation des mœurs et des hauts faits de ses prédécesseurs, depuis Rollon « qui avait rétabli le droit dans le duché », il attendait avant tout que fût décrite l'accession des chefs des bandes scandinaves aux formes les plus raffinées de la civilisation. Ce procès d'acculturation, les ancêtres du duc l'avaient déclenché et soutenu. Ceci devait être rappelé, leur action glorifiée, leur mémoire exaltée. Dudon se trouvait dans la situation de Benoît de Sainte-Maure. Il n'appartenait pas à la parenté, il n'était pas dépositaire de cette mémoire. Étranger, il dut s'informer auprès de ceux qui par leur naissance conservaient le souvenir des aïeux. Il apprit l'essentiel de la bouche de Raoul, comte d'Ivry, frère de Richard, qu'il présente comme l'auteur du « rapport » sur quoi se bâtit l'ouvrage. Guillaume de Jumièges le confirme : « J'ai, précise-t-il, utilisé l'*Historia* de Dudon, qui en tint la matière du comte Raoul. » Qu'elle vînt directement d'un homme de la race garantissait la véracité du récit. Toutefois, Dudon, comme Benoît, comme Wace, tira de quelques livres des compléments d'information. C'étaient des livres francs, les *Annales* de Saint-Bertin, de Saint-Vaast, les *Histoires* de Flodoard de Reims. Mais il se servit aussi d'un écrit composé au sein de la maison ducale : la complainte de Guillaume Longue-Épée. L'intérêt de ce court texte est de montrer comment il arrivait parfois à la fin du xe siècle que les morts fussent célébrés dans les grandes familles princières. Ce Guillaume, le père de Richard, venait de conclure une paix avec le comte de Flandre lorsque celui-ci le fit assassiner par ses sbires. Victime d'un crime odieux, Guillaume fut vénéré par ses parents et ses fidèles comme un martyr, une sorte de saint, et, comme pour un saint, on composa en son honneur une « légende ». On fixa par l'écriture le *planctus,* la déploration que l'on chantait auprès de son tombeau. Ce fut l'embryon de cette littérature familiale. Dudon s'en inspira pour raconter à son tour « la vie, les actes et le triomphe » de ce héros malheureux, « afin, dit-il, par ce récit, d'aider autrui, mais spécialement les descendants, les gens de la lignée de Guillaume à s'élever vers les joies célestes ». L'œuvre entière fut édifiée à partir de cette biographie.

Elle commence par évoquer un chef normand très sauvage, Hastings. A-t-il existé ? En tout cas, lui n'est pas l'ancêtre. Son image, sans doute inventée, celle du ravageur par qui le pays fut plongé dans le chaos, est placée là, au début de l'histoire, parce qu'il importait de présenter dévasté, aplani, nu comme aux premiers jours du monde, l'emplacement de la construction qu'édifièrent l'un après l'autre, patiemment, les trois premiers ducs, Rollon, Guillaume et Richard. On voit clairement, par l'usage que Dudon fait de la complainte, par la manière dont il remanie cet écrit, le rectifie, peu soucieux de vérité historique, mais attentif à bien montrer ce que son patron attendait qu'il montrât, quel était le propos de l'ouvrage : glorifier une réussite, l'insertion, politique et culturelle, par étapes, des barbares venus du nord dans la chrétienté latine telle que l'avaient modelée les rois francs.

Richard Ier ne vit pas le livre achevé. Son fils le reçut des mains de Dudon. Il est beau, pour qui du moins n'est pas résolument réfractaire aux manières d'écrire de l'époque. Les historiens positivistes l'ont méprisé et le méprisent, accablant de sarcasmes Dudon le fantaisiste, Dudon le manipulateur. Je tiens cet ouvrage pour un document de toute première valeur. Moi aussi je suis positiviste. À ma façon. Pour moi, le positif n'est pas dans la réalité des « petits faits vrais » : je sais bien que je ne la saisirai jamais. Le positif est cet objet concret, ce texte qui conserve un écho, un reflet, de paroles, de gestes irrémédiablement perdus. Pour moi ce qui compte, c'est le témoin, l'image qu'un homme de grande intelligence a proposée du passé, ses oublis, ses silences, comment il traite le souvenir pour l'ajuster à ce qu'il pense, à ce qu'il croit vrai, juste, à ce que veulent croire juste et vrai ceux qui l'écoutent. Ainsi Dudon, lorsqu'il évoque la mère de Guillaume Longue-Épée ou celle de Richard, n'en dit peut-être pas l'exacte vérité. J'en suis conscient. Et, pourtant, je retiens précieusement les mots qu'il emploie. Ils révèlent comment on aimait à se représenter les aïeules dans une cour princière émergeant peu à peu en l'an mille de la sauvagerie.

L'intérêt de cette œuvre est d'autant plus grand qu'elle fut réemployée, interprétée pendant presque deux siècles. Elle le fut par des moines d'abord, dans l'austérité des cloîtres de Normandie, en prose latine. Puis, en vers romans, pour l'enseignement et le plaisir des chevaliers, au sein d'une cour rieuse, par des clercs domestiques. Le souvenir nous parvient ainsi déposé en strates successives, et c'est une chance exceptionnelle que de pouvoir suivre dans la longue durée les déformations dont fut l'objet dans l'esprit des hommes l'image des femmes qui partagèrent la couche des premiers ducs de Normandie.

II

Le trouble qui vient des femmes

Les femmes tiennent en vérité fort peu de place dans cette histoire de guerriers, de furieux peu à peu assagis. Toujours à l'arrière-plan, ce sont des jouets aux mains de ces brutaux. Lorsque, déferlant sur la Neustrie, détruisant tout, les bandes du « féroce » Hastings eurent mis les militaires en déroute, elles s'acharnèrent sur les pauvres, les désarmés, sur les gens d'Église et sur les femmes. Selon Dudon, toutes les filles furent vilainement dépucelées, toutes les épouses enlevées. Les chefs vainqueurs s'adjugèrent celles des chefs vaincus ; elles formaient le plus précieux, le plus savoureux du butin. Ils durent cependant dédommager leurs compagnons d'armes comme le fit plus tard Cnut le Danois, quand, après la prise de Londres, s'appropriant la veuve du roi Ethelred, il « donna pour elle à toute l'armée le poids de son corps en or et en argent ». Il advenait parfois que des femmes osent résister aux violences viriles. Guillaume de Jumièges évoque au passage ces *pugnatrices* de Coutances dont on racontait qu'à coups de cruche elles avaient un jour assommé leurs agresseurs les plus robustes, des Anglais venus piller la Normandie. Le fantasme de la guerrière ajoutant la prouesse aux attraits de son corps hantait les rêves de la chevalerie. Wace et Benoît montèrent donc en épingle l'exploit de ces femmes « fières et sauvages ». Mais ils jugèrent bon de marquer nettement ce qu'il y avait dans une telle pugnacité d'insolite, de choquant même, de subversif. Elle rompait l'ordre des choses. Ces combattantes « semblaient femmes dévoyées ». Preuve de ce dévergondage, on les voyait « déchevelées », leur chevelure répandue, exhibée comme l'était en ce temps celle des filles de joie. Enjôleuse, la crinière, en effet, était l'emblème des puissances féminines, de cette force inquiétante dont les hommes connaissaient l'intensité et qu'ils se sentaient tenus de juguler. Dans la vie bien ordonnée, les cheveux des pucelles pouvaient librement flotter au vent. Mais les dames devaient veiller à ce que rien des leurs ne fût aperçu. Elles les tenaient dissimulés sous la guimpe, emprisonnés comme elles l'étaient elles-mêmes, assujetties au pouvoir d'un mari. Terreur des hommes à l'idée de les voir, dénouant leurs tresses, prendre une arme et la brandir.

En fait, les femmes se font beaucoup plus présentes au milieu du XIIe siècle dans le récit des narrateurs chargés de divertir la cour d'Henri Plantagenêt. Ceux-ci suggèrent comme leurs prédécesseurs que leur destin est d'être prises, objets toujours du désir masculin. Mais ils répètent que ce désir doit être désormais maîtrisé. Plus de rapt, la séduction. Les femmes entrent dans le jeu de l'amour. C'est ainsi qu'elles apparaissent dans trois historiettes incorporées par Wace à l'histoire qu'il mettait en roman. Les écrivains dont il exploitait l'ouvrage lui livraient de Richard Ier un portrait à peine esquissé. Il lui ajouta quelques ornements, les empruntant à la tradition orale, transcrivant ce que l'on avait répété de bouche en bouche dans la maison à propos de ce très vieil ancêtre. Il avertit : ce que je dis vient de loin,

je l'ai entendu de plusieurs,
qui l'avaient eux-mêmes entendu,
mais souvent par nonchalance,
par paresse, par ignorance,
maints beaux faits restent à écrire.

Sur certains de ces faits, on a d'ailleurs fait silence à dessein :

pour le péché que fit le duc
lorsqu'il tua le chevalier
ceci ne fut mis en écrit
mais les pères l'ont dit aux fils.

Ces anecdotes viennent en illustration des vertus du bon prince, de la sagesse en premier lieu. Nouveau Salomon, Richard est montré rendant un jugement sagace à propos d'un cas très banal. Un moine de Saint-Ouen avait dans une rue de Rouen croisé une dame. Elle lui échauffa les sangs.

> [...]*Il l'aima,*
> *à merveille la convoita,*
> *il allait bientôt mourir*
> *s'il n'en faisait pas son plaisir.*

L'abordant, il l'entortilla de paroles. Le jeu, selon les règles, s'inaugurait par des mots.

> *Tant lui dit et tant lui promit*
> *que la dame terme lui mit*
> *que la nuit en l'hôtel allât.*

Pour se rendre au rendez-vous, le galant dut dans l'obscurité franchir l'eau sur une passerelle. Elle était étroite, branlante. Il tomba et se noya. Débat entre l'ange et le diable : l'âme, qui des deux l'emportera ? L'ange la voudrait pour lui. Le péché n'est pas commis. Qui sait si le défunt n'eût pas au dernier moment fait marche arrière ? Est-il juste de condamner au feu éternel « pour seulement un fol penser et un peu de volonté » ? On s'employait dans l'Église en ce temps à mettre au point le sacrement de pénitence. La question se posait, pendante : où est la faute ? Qui est vraiment responsable ? Finalement, on prit le duc pour arbitre. Il se trouvait tout près, dans sa chambre, veillant comme le font les souverains conscients de leur devoir tandis que leurs sujets dorment. Il faut, jugea-t-il, ressusciter le prévenu. Qu'on le remette sur la planche. Si son premier pas est de retrait, il doit être sauvé. Le miracle se produisit. Le coupable échappa à l'enfer. Mais il dut, au matin, tout mouillé, faire en bon pénitent l'aveu de ses fautes. Dans le second apologue, Richard paraît en chevalier errant. Il s'est aventuré seul, loin de la cour, parmi ces étendues périlleuses – une lande ici, au cœur de la forêt de Lions – où les paladins d'ordinaire, dans les romans, font des rencontres étranges. De loin, il découvre, étendus dans la bruyère, un chevalier, une demoiselle, tous deux d'une surnaturelle beauté : « Jamais il n'avait vu de si belles gens ensemble. » Un autre Tristan, une autre Iseut. Des inconnus. À l'approche du duc, le chevalier se lève et – réaction énigmatique : nous sommes dans le merveilleux des contes courtois – tue sa compagne. Richard aussitôt l'abat d'un coup d'épée. Il agissait, certes, en redresseur de tort, vengeant une femme outragée. C'était cependant démesure : il eût dû rester maître de soi. Telle fut sa faute, le « péché » dont nul jusqu'ici n'osa écrire. Le héros du dernier épisode n'est pas Richard mais l'un de ses veneurs, un homme du peuple. Même décor, la nature sauvage, une forêt, l'espace des prodiges.

Les trois épisodes s'enchaînent. Ils montrent tous les trois comment se conduire avec les femmes, enseignant la morale amoureuse des cours. Les exigences de cette morale diffèrent selon que l'homme appartient à l'un ou l'autre des trois ordres. Dans la première histoire, un religieux : ceux-ci ne devraient pas approcher les femmes. Dans la seconde, un chevalier : il a lui le droit d'aimer, mais dans la discrétion, cachant son nom et celui de la belle, risquant tout pour qu'elle ne soit pas « honnie », déshonorée ; il lui sied aussi de dominer longuement son désir, ce pourquoi, allongé près de sa compagne, son épée est placée entre eux deux, frontière à ne pas franchir ; quant à la fille, elle n'a pas ôté sa guimpe, dénoué ses cheveux ; enfin, il est interdit aux chevaliers de faire violence aux femmes nobles, de lever contre elles le glaive. C'est le délit que punit Richard, trop lourdement. Le dernier personnage masculin appartient au troisième état. Aux lisières du bois, dans l'exercice de ses fonctions subalternes, ce vilain lève un gibier de rêve, il tombe sur une très jolie fille. Il l'entreprend, mais, en rustre qu'il est, brutalement. Brûlant les étapes, il prend son plaisir de force, comme les chevaliers prennent le leur des bergères. Alors la fée, car c'en est une, l'empoigne, le projette merveilleusement dans les airs. Pour sa honte, il reste accroché au sommet d'un arbre, châtié. Car, lui qui de par sa condition fait l'amour comme les bêtes, visait trop haut, il eût dû se contenter d'une femme de son rang, d'une vilaine.

L'enseignement de ces trois anecdotes porte aussi sur les devoirs des femmes. Celles de qualité – le vocabulaire ici employé, « dame », « demoiselle », « pucelle », atteste qu'il s'agit uniquement d'elles – ne doivent céder qu'à des chevaliers, obligés, eux, de les traiter selon le rituel qui s'est forgé dans les cours, en premier lieu dans celle d'Henri Plantagenêt. Accommodant à sa façon ce qu'il a récolté dans le souvenir domestique – et c'est cette façon même, ce sont ces ajustements qui me renseignent sur les attitudes mentales du XIIe siècle –, Wace esquisse en quelques traits l'image que les hommes de son temps se faisaient communément du féminin. Par nature, les femmes sont faibles. Elles requièrent d'être spécialement protégées. « Femme doit avoir partout paix », ces termes sont ceux-là mêmes des prescriptions qu'énonçaient à propos des dames à l'époque de Dudon les premiers serments de paix imposés aux gens de guerre. Lorsqu'elles sortent de la maison, il faut qu'un homme les accompagne, sinon l'on peut librement s'en saisir : ce sont, au sens que l'on donnait au XIIe siècle à ce mot, des « aubaines ». Telle la fille que viola le veneur : « En ce bois seule que faisait ? » Était-ce une putain ? Une fée ? Fatale en tout cas. Car seules, sans tuteur masculin, la dame, la demoiselle, la pucelle, non seulement se trouvent en danger d'être prises, elles sont livrées à elles-mêmes, donc à de mauvais penchants, elles s'abandonnent inévitablement à la luxure, portées qu'elles sont au jeu d'amour. Embusquée au coin du bois, la fée, pour en tirer jouissance, guettait le passage d'un mâle. Les femmes sont des proies, et très faciles, aisément enjôlées par un bavardage, alors se donnant tout entières (« nul rien ne lui défendit »), mais de ce fait ce sont des pièges où les hommes, séduits par leurs appas, leurs parures, par l'irrésistible attrait de leurs cheveux dévoilés, trébuchent. Pour tous, de quelque état qu'ils soient, la femme, tentante et périlleuse, est source de plaisir et cause de perdition. J'ajoute que le duc Richard est montré dans l'une de ses fonctions majeures. Comme ont mission de le faire les princes à qui Dieu confie le pouvoir de juger et punir, il réprime le désordre que suscite la présence des femmes. Dans sa maison où se côtoient des mâles des trois ordres, et dans cette immense maison qu'est la principauté qu'il dirige, son premier devoir est de régir la sexualité. Tous les écrits composés à la mémoire des ducs de Normandie le disent.

*

Dudon était chargé de montrer comment les Normands s'étaient en un siècle civilisés. Qu'était la civilisation ? Le christianisme en premier lieu, puis le respect des préceptes assurant la reproduction de la société dans l'équilibre de ses ordonnances. Donc, pour les hommes, une manière réglée de se partager les femmes. C'est pourquoi, dans les premières pages, décrivant le dérèglement primitif, affreux, que les chefs des Vikings, après leur baptême, eurent le mérite de maîtriser peu à peu, le chanoine de Saint-Quentin met en avant le chaos sexuel. « Ces gens, dit-il, parlant des païens scandinaves, brûlaient d'une ardeur excessive, chacun d'eux souillait plusieurs compagnes de ses odieuses copulations. » Du coup, « ils engendraient par ces accouplements répugnants et illicites d'innombrables descendants ». La polygamie, ses conséquences, l'excès de progéniture et, finalement, la surabondance de jeunes hommes, elle-même ferment de turbulence : lucide, Dudon perçoit l'un des vices structurels les plus pernicieux dont souffrait le monde de son temps, le trouble que répandaient les bandes de « jeunes », de cavaliers célibataires. Transposant, il imagine à la fin du IXe siècle des escadrons d'adolescents – *milites,* c'est le mot qu'il emploie : des chevaliers. Il les voit s'affrontant en d'incessants combats, allant jusqu'à s'attaquer aux vieux, « aux pères et aux oncles ». Le comble de la subversion. La société scandinave y remédiait en expulsant rituellement la jeunesse. Selon les « rites anciens », elle l'évacuait à l'extérieur, elle la lançait, dévastatrice, vers les pays voisins – à la façon dont les chefs de guerre contemporains de Dudon entraînaient derrière eux chaque printemps un tohu-bohu juvénile vers les « marches », les étendues sauvages qui séparaient alors les unes des autres les principautés, afin de débonder la véhémence des guerriers dans ces jeux militaires qui furent appelés un peu plus tard tournois. Pour l'historien de l'an mille – il voyait juste –, ce rejet périodique des fauteurs de désordre fut à l'origine des incursions norroises en pays chrétien. D'un tel jaillissement de violence, les femmes étaient naturellement les premières victimes. Sur elles se jetaient les pirates, enflammés de tous les feux de la luxure. Que les débordements de la sexualité masculine soient l'un des traits les plus nets de l'inculture, c'est ce que redit, à l'époque de Guillaume de Jumièges, l'auteur d'une biographie de Guillaume le Conquérant, Guillaume de Poitiers. S'appropriant les mots qu'avait employés Salluste à propos des Maures de Jugurtha, il juge de cette manière les Bretons d'Armorique, ces vaillants dont les dangereuses attaques menaçaient constamment les Normands : « En ce pays, écrit-il, un seul chevalier en engendre cinquante car, transgressant la loi divine et les règles de la pudeur, il possède une dizaine ou plus de femmes. »

Les compagnons de Guillaume le Bâtard les enviaient peut-être en secret. En tout cas, un demi-siècle plus tard, Wace et Benoît de Sainte-Maure vont plus loin. La description que faisait Dudon de l'ardeur luxurieuse des hommes du Nord, Guillaume de Jumièges l'avait évidemment abrégée. Eux l'amplifient. Ils pensent à leur public, à tous ces hommes violents en quête de femmes et savent retenir leur attention en leur montrant leurs lointains ancêtres

si en luxure et bouillants,
si désireux et si ardents
que les femmes étaient à tous
abandonnées et communes

(il ne s'agit plus d'un étalon régnant sur un troupeau de pouliches, mais de l'abolition de toute règle, d'ébats incontrôlés. Commune, exécrable confusion des sexes : on répétait partout au XIIe siècle qu'à de semblables abominations se livraient les suppôts de l'enfer, les guerriers mercenaires sortis de la lie du peuple, les hérétiques et tous les marginaux).

Peu en ont une si chère
qu'ils n'en aient d'autres, garçonnières.
Quand ainsi sont entremêlés
et l'un vers l'autre abandonnés
honteusement, sans loi tenable,

et sans coutume convenable
ne sait le fils qui est son père,
ni qui lui est sœur ou frère

(s'entend ici un double écho, celui des sermons dénonçant les funestes effets des liaisons adultères venant brouiller les rapports de parenté, et celui de ces romans de chevalerie dont le héros, ignorant de son ascendance, illustrait les fantasmes que la peur de l'inceste et de l'illégitimité entretenait dans l'esprit des nobles de ce temps).

Tel était le désordre, lorsque Rollon parut. C'était lui-même un « jeune », un aventurier ravisseur d'épouses. Échauffé d'une « vertu virile » qui s'épanchait en fureur, il s'était jeté sur l'Angleterre à la tête d'une troupe de jouvenceaux. Mais Dieu l'avait choisi. Il le guida, l'inspira, le conduisit par-delà la Manche vers « cette province qu'il lui donna ». Rollon fit bon usage de la grâce divine. À ce pays saigné à blanc, il rendit sécurité, prospérité. Car il s'était dégagé du paganisme, donc de la sauvagerie. En 911, le roi Charles le Simple avait admis qu'un pan de la Neustrie fût soumise à son pouvoir, exigeant en contrepartie qu'il se fît chrétien. Le baptême est une nouvelle naissance. Régénéré par l'eau baptismale, d'agresseur il devint protecteur. Civilisateur.

Durant les sept jours qui suivirent son baptême, il s'occupa uniquement du sacré. Restaurant les structures de l'Église, il rebâtit les trois cathédrales, Rouen, Bayeux, Évreux, les trois monastères, le Mont-Saint-Michel, Saint-Ouen, Jumièges, favorisant en outre de ses dons Saint-Denis, l'abbaye que protégeait son parrain, le duc de France. Le huitième jour, quittant la robe blanche des néophytes, il se tourna vers les affaires profanes et c'est alors qu'il se maria : mariage et civilisation vont de pair. Tandis que la fille – la propre fille du roi Charles –, promise avant de conclure la paix, était menée dans son lit, le duc commençait de relever les murs des cités, promettant sûreté à tous les habitants du pays, délimitant « par le cordeau » les lots qu'il concédait à ses amis, « édictant enfin des lois et des droits stables ». Plus de violences et, très précisément, plus de violences sexuelles. Rollon montrait l'exemple. Il s'imposait les règles de la conjugalité. Dudon exprime ce que pensait son patron, Richard Iᵉʳ, ce que pensaient aussi ses maîtres, les évêques de la Francie, Adalbéron de Laon, Gérard de Cambrai, qui s'appliquaient alors à réprimer les égarements provoqués par le brusque affaissement de la puissance royale. Attribuant à Rollon la fondation de cette paix normande que de son temps on citait en exemple et dont Raoul Glaber, le moine bourguignon, ferait quelques années plus tard l'apologie, il associe étroitement l'entreprise de reconstruction politique et l'instauration de la discipline conjugale. Sortir du chaos, en finir avec le désordre, entreprendre la remise en valeur de la terre impliquait que l'usage des femmes fût strictement contrôlé et les activités sexuelles contenues au sein de maisonnées bien ordonnées, dirigées fermement par des hommes responsables de leur épouse. Dudon illustre son propos par une historiette.

En symbole de la sécurité rétablie, le duc avait interdit de rentrer les charrues. Elles resteraient exposées dans les champs. Un laboureur s'en vint déjeuner chez lui, laissant l'outil sur place. Comme bien des femmes, la sienne était malfaisante : elle alla s'emparer du joug, du soc et du coutre. Le paysan se plaignit au duc qui le dédommagea, ordonnant une enquête au village. On eut recours à l'ordalie, à l'épreuve du feu au nom de Jésus-Christ, sans succès, et Rollon, tout nouveau baptisé, s'inquiétait, demandait à l'évêque : « Si le Dieu des chrétiens voit tout, pourquoi ne démasque-t-il pas le coupable ? » Interrogé, le paysan révéla que seule son épouse pouvait savoir où se trouvait la charrue. On saisit la femme, on la fouetta de verges. Elle avoua. (Ce récit montre au passage que seuls les hommes avaient été soumis à l'épreuve : pas plus que les animaux domestiques, les femmes ne relèvent de la chose publique, ce sont des objets, des meubles.) Alors le duc au paysan : « Savais-tu que ta femme était la voleuse ? Alors tu mérites la mort et pour deux raisons : tu es le chef de ton épouse (ce sont les paroles de saint Paul), tu devais la tenir en main, l'empêcher de nuire. Si dans le couple conjugal, l'homme ne tient pas la barre, tout part à vau-l'eau. En outre, tu devais la dénoncer, la livrer à la justice du peuple, donc tu es son complice. » La femme et son mari furent pendus. La sentence était rude, si rude que Guillaume de Jumièges, quelques années plus tard, l'adoucit. Selon lui, seule l'épouse fut punie. On lui creva les yeux.

III

Les dames

La paix sociale reposait donc sur le mariage. Mais quel mariage ? Il en existait de plusieurs sortes. Quand, durant la minorité de Richard, petit-fils de Rollon, Louis d'Outremer occupa la Normandie, les Francs jugeaient que la manière dont se formaient les couples dans ce pays étranger, sauvage, n'était pas la bonne et que, par conséquent, ils pouvaient prendre à leur gré les épouses des Scandinaves. Sans doute ne se conduisaient-ils plus comme les compagnons de Hastings, ils ne se précipitaient pas sur elles pour assouvir leur désir. Mais ils attendaient de leur chef qu'il les leur donnât. Le roi était harcelé par les *tirones,* les jeunes guerriers de sa suite. « Nous t'avons servi longtemps, disaient-ils, sans avoir encore rien reçu de toi qui nous satisfasse, sinon du boire et du manger. Nous te prions d'expulser les Normands ou bien de les exterminer. Tu nous concéderais alors leurs épouses et tu nous donnerais ce qu'ils tiennent. » La femme et, du même coup, la terre. L'un des solliciteurs lorgnait la compagne de Bernard le Danois : elle était très belle, Bernard surtout était très riche.

Je note que Guillaume de Jumièges, moine, sauta cet épisode tandis que Wace et Benoît le développèrent longuement. Selon Wace, lorsque le roi eut cédé, promis à celui qui la réclamait la « dame du Danois », « chacun des autres voulut avoir la sienne et fit épier les belles par toute la contrée », et Louis leur assurait qu'ils seraient tous servis : les femmes de qualité ne manquaient pas. Toutefois, celles-ci ne se laissèrent pas si facilement saisir, et l'« effroi des femmes » suscita la révolte, victorieuse, contre l'occupant. Bernard le Danois garda son épouse. Remarquable, à propos d'elle, est l'insistance de Benoît de Sainte-Maure sur ce qui dans son corps aiguisait le désir des hommes. D'un seul mot dans Dudon, *perpulchra,* « exceptionnellement belle », il tire quinze vers, détaillant, célébrant la fraîcheur de la carnation, la finesse de la bouche, l'éclat des yeux. « Nul qui, la regardant, n'eût voulu la tenir nue et en faire son plaisir. »

Benoît sait comme Wace ce dont rêvent les « bacheliers », les chevaliers sans épouse, ses plus attentifs auditeurs. Double attente : jouir et s'établir, la femme et la terre. Et son patron, Henri Plantagenêt, tirait parti de cette appétence pour resserrer sur eux sa prise. Il prenait grand soin de tenir toujours à portée, étroitement surveillée, une belle réserve de femmes à marier, filles pour la plupart ou veuves de ses vassaux. Les jeunes de sa cour les convoitaient. Pour obtenir l'une d'elles, ils se montraient fort dociles à l'égard du patron. Les futures dames étaient monnaie très précieuse pour acheter des amitiés, pour acheter le calme. En les distribuant, le bon seigneur mettait quelques-uns des *juvenes* en ménage, il les détachait des bandes de cavaliers turbulents, il en faisait des *seniores,* des hommes rassis, stabilisés. Ainsi, par le mariage, par le bon usage des femmes, les germes de désordre se résorbaient en effet peu à peu dans la France du XIIe siècle.

Depuis longtemps, les dames étaient aussi le gage d'un équilibre entre les États. C'était par des filles échangées que la *pacifica conversatio,* les rapports de paix, s'établissait entre les princes, entre les nations. Si du temps de Guillaume Longue-Épée, fils et successeur de Rollon, l'insertion de la Normandie dans la culture chrétienne en même temps que dans l'ensemble politique franc s'accéléra, c'est que sa mère, baptisée, était franque et qu'il avait par elle « une parentèle francigène », c'est qu'il donna sa sœur à un Franc, le comte de Poitiers, et qu'il prit lui-même pour femme la fille du Franc Hugues de Vermandois. Dudon montre de telles alliances conclues au cœur des forêts frontières où les chefs de guerre, pour un temps réconciliés, unis par les serments et les embrassades, couraient de concert le gros gibier. Un demi-siècle plus tard, la Normandie s'unit à la Bretagne par un mariage croisé. Selon Guillaume de Jumièges, le comte breton Geoffroi désirait l'« amitié et l'aide » de Richard II. Il se rendit à sa cour avec une grosse escorte cavalière. Richard le retint quelque temps, faisant étalage de son luxe et de la « magnitude de sa puissance ». « Le nœud d'amour ne serait-il pas plus serré entre eux », demanda Geoffroi, s'il épousait la sœur de Richard, « pucelle, belle de corps et pleine de grâce par l'honnêteté de ses mœurs ». Le duc prit conseil de ses grands et « la lui remit à la manière chrétienne ». Puis, un peu plus tard, par ambassade, il exprima son désir d'obtenir la sœur de Geoffroi. Le comte la conduisit jusqu'à la frontière des deux maisons, au Mont-Saint-Michel, où Richard « la reçut avec les honneurs qui convenaient et s'unit à elle par lien légitime ». Des trois filles qu'elle lui donna, il maria l'une au comte des Bourguignons, une autre au comte des Flamands et, après la mort précoce de son beau-frère, il prit dans sa garde la Bretagne en tant qu'oncle maternel des deux orphelins.

Maintenir la paix était l'une des raisons qui imposait aux chefs des principautés de prendre femme. Mais la plus forte était qu'ils avaient devoir de s'accoupler afin que leur maison survive, ce que Dudon met en évidence à propos de Guillaume

Longue-Épée. J'ai dit qu'on se souvenait de lui comme d'un martyr, c'était le saint de la famille. Aussi est-il présenté, dès l'enfance, en quête de perfection spirituelle. « Consacrant à Jésus-Christ l'âge de la jeunesse », il rêvait de se faire moine. « Son propos était de s'astreindre aux abstinences de la chasteté. Il résistait au plaisir d'engendrer une postérité. » En cela, il manquait à ses obligations de prince. Dudon le fait réprimander par Martin, l'abbé de Jumièges. Guillaume doit renoncer à se « convertir », à changer d'état, il importe qu'il reste dans l'*ordo* où Dieu l'a placé. Le pays a besoin d'un homme d'épée qui le défende contre les païens et les méchants, il a besoin d'un laïc, autorisé, encouragé à copuler, afin que vienne au monde un héritier. Lorsqu'il reçut ce conseil, Guillaume, en fait, avait accepté de prendre femme, cédant aux prières de son peuple et aux exhortations des grands. Ceux-ci le pressaient : « Renonce à ton vœu. Il est nécessaire à toi et à nous que naisse de ta semence un duc magnifique, nous avons besoin de ta semence. » S'exprimait ici la loi du lignage. Dure loi pour certains dirigeants qui n'appréciaient guère le commerce des femmes. Non point par vocation de sainteté, mais par le goût qu'ils avaient pris des garçons durant leur long apprentissage au sein d'une compagnie militaire. Ce fut le cas d'Henri Ier, de son petit-fils Louis VI dans le lignage des rois de France, de

Guillaume le Roux, de Richard Cœur de Lion dans celui des rois d'Angleterre. Quant à Simon de Valois, saint Simon, cette répugnance portait aussi le masque d'une volonté de chasteté. Lui tint bon. Les autres se marièrent. La morale dynastique l'exigeait.

S'inclinant, les premiers ducs de Normandie ont donc tous les trois pris une épouse, légitime. Lorsque le roi Charles le Simple fit sa paix avec Rollon, Gisèle, sa fille – les érudits ne sont pas sûrs que Dudon n'ait pas inventé, sinon cette femme, du moins son nom : furetant parmi les textes, ils n'ont retrouvé qu'une Gisèle ; il ne pouvait s'agir d'elle, c'était à l'époque un bébé ; ils oubliaient qu'en ce temps on cédait les filles à tout âge – Gisèle, donc, avait été remise en « caution du lien de serment et de confédération » entre les mains d'un archevêque franc. Celui-ci dit au chef des Vikings : « Prends-la [...] par cet accouplement, tu jouiras d'une descendance et tu tiendras la province perpétuellement. » On ne peut exprimer plus sobrement ce que signifiait le mariage pour des aventuriers sans attache : l'enracinement d'une dynastie dans un territoire. Les compagnons de Rollon, eux aussi, lui conseillèrent de prendre en même temps la Normandie et la fille, toutes deux belles et prometteuses. Guillaume de Jumièges crut bon d'assurer que l'époux conduisit l'épouse « à l'accouplement dans son lit à la manière chrétienne ». Dudon, lui, n'avait rien dit des noces.

Quand la sœur de Guillaume Longue-Épée, livrée au comte des Poitevins, était partie de Rouen pour Poitiers, le cortège qui l'accompagnait, les chevaux somptueusement harnachés tirant sa litière, d'autres qui suivaient, les « biens nuptiaux » qu'elle apportait en dot, une troupe d'esclaves des deux sexes, des écrins, des coffres remplis de soieries, de bijoux, avaient manifesté le long du chemin et jusque dans la grand-salle où elle fut reçue l'opulence de son frère, la magnificence ducale. Lorsque Guillaume, un peu plus tard, se maria à son tour, non plus donneur mais preneur de femme, il est encore montré en position dominante. Il ne fit pas, selon Dudon, le premier pas, il fut demandé. Le très puissant Hugues de Vermandois l'avait remarqué « étincelant dans toute la chrétienté par les vertus de l'âme et du corps et par ses hauts faits ». Il lui offrit sa fille. Le duc alla la prendre, l'emmena, et le récit cette fois n'insiste pas sur la dot, sur la valeur de la fiancée, mais sur le masculin, sur la nuée de cavaliers galopant autour de ce corps de femme, mimant son enlèvement. L'important pour moi, cependant, n'est pas dans ces descriptions fastidieuses, mais dans le fait surprenant que cette femme dont on espérait que le chef des Normands tirerait progéniture n'est pas une seule fois nommée. Comme si sa personne – elle descendait pourtant de Charlemagne – ne comptait en rien dans la mémoire ancestrale.

Dudon nomme évidemment l'épouse de Richard Ier qui lui a commandé l'ouvrage. C'est Emma, fille d'Hugues le Grand, duc des Francs. L'historien présente la cession de cette femme comme un acte très clairement politique. L'initiative vint d'Hugues. Il se tourna d'abord vers Bernard de Senlis, l'oncle maternel du garçon, le marieur en l'occurrence, puisque Richard n'avait plus de père. N'existait-il pas d'autre projet d'alliance ? Le chef des Normands, en cas d'accord, accepterait-il de le « servir », c'est-à-dire de devenir son vassal, et de le prendre pour défenseur de sa terre ? Le dessein du duc des Francs était net : détacher le jeune prince du roi Louis qui l'avait nourri, son second père, et se l'attacher directement. Une fois le « serment prêté », Hugues donna sa fille. Dudon juge nécessaire ici de préciser qu'il ne la vendit pas, qu'il s'agissait bien d'« union conjugale », d'un traité d'épousailles à la franque.

Emma était très jeune. Richard ne l'emporta pas tout de suite. Il s'engagea. Et la manière dont Benoît de Sainte-Maure imagine, un demi-siècle après Dudon, les gestes de l'accord révèle ce qu'étaient les usages dans les cours au temps d'Henri Plantagenêt. Richard, dit-il,

l'a reçue en fiancée
et de sa main nue ostagiée.

(Voyez le geste qui noue : tope-là, comme à la foire.) Il la prendra « au jour qu'il conviendra ». Ensuite, le futur époux fut fait « chevalier nouveau » en même temps que des damoiseaux de son âge vêtus d'hermine et de brocart. Hugues les ceignit de l'épée « et n'oublia pas la colée » : parrain de chevalerie, il tiendrait plus solidement son gendre. Je reviens au récit primitif. Le temps passa. Sur son lit de mort, dans le discours d'adieu qu'il tint, comme c'était la coutume, à ses compagnons d'armes, le duc des Francs rappela qu'il avait donné sa fille à Richard par leur conseil et leur serment « bien qu'elle fût d'âge tendre ». Remettez-la-lui dès qu'elle sera « disposée pour l'homme ». Les Normands, de leur côté, « songeaient à la postérité ». Ils redoutaient que « la gloire d'une descendance ne manque au mari et qu'une succession par sa semence ne fasse défaut ». Ils pressaient Richard de consommer. « Tu t'es joint cette fille par le serment de t'unir à elle ; le serment demeure ; elle est nubile ; il convient donc que tu t'accouples à elle par le lien matrimonial. » Richard finit par se plier. On se mit alors à préparer les noces. Cette fête, Dudon la qualifie. Il la dit « licencieuse », « paillarde ». En effet, l'union se nouait en deux temps : d'abord au spirituel, entre les âmes, par le serment, des paroles échangées. Puis, et souvent beaucoup plus tard, la nuit des noces, par la « conjonction des sexes » que la foule des invités célébrait à grand renfort de gaillardises. Pour Wace, qui rajoute ici son mot, mêlant le sacré au profane, la cérémonie eut lieu dans le palais de Rouen, le Saint-Esprit autorisant alors Richard à jouir de sa promise,

> *de la tenir entre ses bras*
> *d'en baiser les yeux, la bouche.*

Tout s'était passé dans les règles. Hugues le Grand « ne pouvait pas mieux employer Emma ». Ses fidèles avaient veillé à ce que le pacte perdure jusqu'à ce que « l'enfant fût menée à l'homme ».

Des trois épouses légitimes, Dudon fait consciencieusement l'éloge. Quant à Gisèle, il assure d'abord, et dans cette société polygame une telle qualité n'était pas sans prix, qu'elle était « régulièrement issue de la semence de chacun de ses géniteurs ». Il l'imagine belle et grande, vierge bien sûr, de bon conseil, aimable, de rapport facile, enfin, ce qui mérite attention, « très habile dans les travaux des mains ». Même chose est dite de la femme sans nom pour qui Guillaume Longue-Épée accepta de rompre son propos de chasteté, elle aussi « experte dans toutes les tâches qui incombent aux femmes ». L'apologie se précise à propos d'Emma. « Bien ajustée à la courtoisie et à la noblesse de son mari », lequel « abondait en puissance et fécondité viriles », cette pucelle aux formes généreuses était apte « à lui donner plaisir », « parfaitement disposée pour les enlacements conjugaux et pour les étreintes qui font le lit délectable ». Le chanoine de l'an mille sait ce qu'attend son patron. Qu'il exalte dans les épouses de ses aïeux et dans la sienne l'aptitude à dispenser de la jouissance, cette habileté aux gestes que les hommes attendent des femmes et qui confèrent quelque agrément au labeur imposé aux chefs de maison : féconder cette fille que le Saint-Esprit a placée dans leur couche.

Or, aucune des trois dames qui partagèrent celle des ducs des Normands ne le fut, aucune ne devint une aïeule. On peut penser de Gisèle soit qu'elle ne parvint jamais à l'« âge congru », soit que Rollon ne se soucia pas d'en user, qu'elle resta ce pour quoi il l'avait prise, une simple « caution ». Dudon, rapportant ce qu'on disait autour de lui, suggère que l'épouse demeurait insatisfaite. Il la montre à Rouen, s'en plaignant aux émissaires de son père venus à l'insu de son mari. Les amis de celui-ci l'avertirent, le pressèrent d'agir : *« Uxorius, effeminatus »,* tu te conduis comme une femme. « Ils disaient en effet que Rollon ne l'avait pas connue selon la loi maritale. » Rollon rompait alors avec le roi des Francs, son beau-père. Plus de paix. Le « gage » n'avait plus d'utilité. On laissa Gisèle mourir, toujours vierge sans doute. Quant à l'épouse anonyme de Guillaume Longue-Épée, ce n'est qu'une ombre. Son époux, qui dédaignait les femmes, l'avait-il prise ? Richard certainement prit Emma. Si l'on se fie à l'éloge qu'en fait le chanoine de Saint-Quentin, elle en valait la peine. Mais il n'en put avoir d'enfant. Elle mourut. Ce fut son frère, Hugues Capet, qui distribua entre les églises et les pauvres ce qu'elle possédait « par droit féminin », colliers, bracelets, bagues et fibules, diadèmes, longues robes et chapes : la part des femmes, ce qui leur appartenait en propre et que la propagation du christianisme interdisait maintenant de placer auprès de leurs corps, dans la tombe, comme autrefois.

IV

Les amies

Pourtant, les premiers ducs se sont succédé de père en fils, ils avaient engendré des garçons. Mais ceux-ci ne leur vinrent pas de leur épouse légitime : une compagne, latérale, les leur donna. Ce qui ne fut pas sans gêner les écrivains qui firent leur éloge. Le moine Raoul Glaber, contemporain du Conquérant, vante abondamment leurs vertus. Ils avaient soutenu son patron, Guillaume de Volpiano, qui réformait les monastères normands. Raoul pourtant ne le dissimule pas : tous ces princes naquirent de femmes qu'il appelle concubines. Que ses lecteurs cependant n'en soient pas trop scandalisés : les patriarches de l'Ancien Testament n'étaient-ils pas eux aussi polygames ? La tâche de Dudon était plus malaisée. L'histoire qu'on lui ordonnait d'écrire était celle d'un progrès continu vers la civilisation, et ce progrès n'était pas séparable de l'expansion de la morale chrétienne. Il supposait de la part des dirigeants du peuple normand le rejet progressif de conduites sexuelles réprouvées par l'autorité ecclésiastique. Or, à ce progrès les « concubines », les mères des princes avaient elles-mêmes contribué. Celle, en particulier, de Guillaume Longue-Épée qui, selon ce que rapportait la complainte, avait baptisé son fils en secret. Ce livre surtout traitait d'une lignée. Comment ne rien dire des femmes qui avaient assuré sa prolongation ? De la mère du commanditaire, Richard Ier ? De celle de Richard II encore vivante, et que l'on vénérait à la cour ? Dudon, par conséquent, se lança.

Sans aucune gêne, il rapporte que Richard Ier « travaillé par les aiguillons du désir masculin, engendra de concubines deux fils, et des filles » en nombre indéterminé. Point de doute : aux approches de l'an mille les chefs des « pirates » s'ébattaient sans vergogne au milieu d'un troupeau de femmes qu'ils nourrissaient dans leur maison. Ces étreintes étaient généreuses. Une abondante descendance en naissait. Dudon juge nécessaire seulement d'avancer que le duc, Emma trépassée, était veuf. C'était une excuse. Il ne dit rien des partenaires de ses plaisirs : les deux fils qui naquirent de ces unions illicites n'avaient pas hérité le duché. Des belles amies dont chacun des princes a tiré jouissance une seule est évoquée, celle dont les entrailles ont produit le successeur, ce garçon que le duc, au soir de sa vie, distingua parmi ses rejetons mâles advenus de toutes parts, qu'il présenta aux grands de la province un jour de fête, leur disant, c'est lui, acclamez-le, attendant de toute la noblesse désormais liée par serment qu'elle reconnaisse pour son futur guide celui de ses fils qu'il avait élu.

En quelques mots, la mère de Guillaume Longue-Épée est très exactement située. Rollon, écrit Dudon, « prit avec lui pour son plaisir une certaine Poppa, vierge, belle, formée d'un sang glorieux, fille du prince Béranger ; il se l'attacha par mariage et eut d'elle un fils nommé Guillaume ». C'était une Franque, c'était une chrétienne et c'était un mariage. *« Connubium. »* Guillaume de Jumièges reprend la phrase et la complète. « Dans Bayeux, le duc s'empara d'une pucelle nommée Poppa, fille de Béranger, homme illustre [il était comte de Nantes ou de Rennes] et peu après il s'accoupla à elle à la manière danoise, *more danico.* » Le moine a buté sur le mot *connubium.* Il transpose : « accouplement ». De son temps, les formes de l'union conjugale que l'Église s'efforçait d'imposer dans l'aristocratie s'étaient précisées, durcies. Il importait maintenant de veiller à ce que ne fût pas confondue l'alliance dont parlait Dudon avec le mariage chrétien ni avec le simple concubinage. Alors que dire ? Rollon, ses compagnons étaient des Vikings. Ils se mariaient à leur façon, selon leurs coutumes, leurs lois. Mais ils se mariaient dans l'ordre : le temps était passé de la promiscuité sauvage. Concédons à ces étrangers, ces immigrés leurs propres usages, condamnables certes, mais que, se civilisant, ils ont depuis heureusement abandonnés. La « manière danoise » ? Le souvenir d'une époque révolue, une curiosité ethnographique. Le moine de Jumièges apprend encore que Poppa était une captive, enlevée dans une cité au cours d'un pillage, la part du chef dans le butin rapporté de Neustrie par la bande que dirigeait Rollon, alors fixé en Angleterre. Cette fille en effet fut emmenée outre-Manche – la complainte précise que le duc Guillaume naquit en terre anglaise. Elle avait donc été prise et fécondée avant la paix, avant le mariage avec Gisèle. La *Geste des ducs* prétend en outre que, celle-ci morte, Rollon rappela Poppa, la mit de nouveau dans son lit – était-elle jamais sortie du harem ? – et qu'il l'avait auparavant répudiée. Il ne fallait pas, en effet, laisser croire que le premier duc, baptisé, ait eu deux épouses à la fois. Mais, supposant une répudiation, ce récit établit sans y prendre garde que l'union « à la danoise », comme il dit, était bien un vrai mariage. Mariage ou pas, les romanciers qui le reprirent et l'accommodèrent pour Henri Plantagenêt n'en ont cure. Pour eux, il s'agit tout simplement d'amour. « Rollon, dit Wace, qui l'avait longtemps désirée, en a fait sa mie », sa compagne de jeu ; Gisèle disparue, « il l'épousa et la tint longuement ». Le désir, un temps contenu ; puis la conquête amoureuse ; après l'amour, enfin le mariage. Il n'y a rien là qui surprenne dans la société de cour à l'époque où Chrétien de Troyes composait le *Cligès*. Quant à Benoît, il raffine, à son habitude, s'attarde à décrire les attraits à quoi Rollon succomba, le visage, la gorge, « tout ce que le vêtement laisse voir et toucher ». Le duc la prit pour femme « selon les coutumes de Danemark », puis s'en dessaisit malgré lui

pour la fille du roi de France.
Pourtant ne mit pas en oubli
la grande amour qu'il avait d'elle.

Dudon n'a pas nommé la fille qu'engrossa Guillaume Longue-Épée, pas plus qu'il n'a nommé son épouse. C'était pourtant la mère de Richard, son bienfaiteur, la mère de Raoul d'Ivry, qui l'informait. Se découvre ici nettement combien peu comptaient les femmes. Celle-ci n'apparaît qu'en contrepoint dans des poèmes flattant son fils. À propos de la naissance de celui-ci, elle est dite non seulement « sacrée », « issue d'un sang brillant et libre », mais « très chère épouse », et lorsque Dudon montre Guillaume, « non point poussé par la faiblesse humaine mais par le juste dessein d'assurer la succession », se résignant à copuler, il précise que la partenaire choisie était, comme il se devait, vierge noble, enfin très fringante. Ce sont là formules toutes faites. Notable en revanche est cette incise, prudente : l'accouplement eut lieu *geniali* (non pas *maritali*) *jure*. Entendons qu'il ne s'agit pas de mariage mais de liberté, de plaisir. Là encore, Guillaume de Jumièges apprend un peu plus. La « pucelle très noble » que Guillaume s'appliqua à féconder se nommait Sprota. Il l'avait épousée certes à la danoise, mais selon les règles. Pourtant le roi des Francs, lorsqu'il occupait la Normandie et nourrissait dans son palais de Rouen le jeune Richard, se plaisait à l'humilier, le traitant de fils de pute, gourgandine assez perverse pour avoir dévoyé le mari d'une autre.

En ce point, Robert de Thorigny insère une note concernant Raoul d'Ivry. Il relate que, Guillaume mort, son fils Richard en exil en France, Sprota fut « contrainte par la nécessité de partager la couche d'un homme très riche », un rentier qui tenait à ferme des moulins sur la Risle. Pas de mariage ici non plus. *« Contubernio... adhesit » :* un collage. « De cet homme elle eut Raoul et des filles qui, elles, s'unirent légitimement à des nobles. » Par cette phrase, la naissance de l'informateur de Dudon s'éclaire, ce lien du sang qui l'unissait au duc Richard : le même ventre les avait tous deux portés. Robert place en complément le récit d'une de ces aventures dont s'enchantaient les auditeurs du XIIe siècle. Le jeune bâtard vivait en sauvage, dans les bois. Son frère de mère vint y chasser. Les veneurs débusquèrent un ours énorme. Ils s'enfuirent. Raoul l'affronta seul et l'abattit. Averti de la prouesse, Richard lui fit don de la forêt et du château d'Ivry, ainsi que d'une femme – « très belle », comme le sont toutes les compagnes des princes à l'heure où ils les désirent et les prennent. L'histoire est de celles que l'on racontait dans les familles à propos des fondateurs de lignées : un exploit forestier, sa récompense, l'octroi simultané d'une terre et d'une épouse. De la sienne, Raoul eut deux fils qui tous deux furent évêques, donc sans progéniture légitime. Le rajout du prieur du Bec met en lumière le sort des dames mariées « à la danoise ». Leur mari défunt, elles passaient dans les bras de qui voulait les prendre. Mais n'était-ce pas aussi, lorsqu'elles n'étaient pas trop délabrées, le cas de ces femmes que les gens d'Église tenaient pour de vraies épouses, le cas par exemple d'Anne de Kiev, la veuve du roi de France Henri dont un baron s'empara aussitôt qu'elle devint disponible ?

Dans le livre de Dudon, une seule dame sort vraiment de l'ombre, la mère de Richard II, l'une des femmes à qui se lia (*« se connexit »,* une connexion, une conjonction fortuite) le précédent duc alors que, veuf d'Emma la Franque, il prenait son plaisir ici et là. Il se lia, dit Dudon, « à une vierge de haute majesté », issue d'une lignée très fameuse dans la noblesse danoise. Elle s'appelait Gonnor. C'était la plus belle de toutes les vierges norroises. Il s'en était saisi *« amicabiliter ».* Sous ce mot latin pointe un mot roman : « amie », le terme désignant, dans le vocabulaire des cours la femme dont on joue, que l'amant feint de traiter comme sa « dame », alors qu'elle n'est pas son épouse et que, selon les conventions du jeu d'amour courtois, elle ne peut pas l'être. Le chanoine de Saint-Quentin n'avance pas qu'il y ait eu contrat, mariage, même à la scandinave. Le fait est net : Gonnor en un premier temps vécut dans le vivier où le prince pêchait les partenaires de ses divertissements. Mais les grands de la Normandie, « la sachant née de la très noble semence d'une parenté glorieuse », inquiets comme l'avaient été avant eux devant la stérilité du mariage officiel les compagnons de Rollon et de Guillaume, pressaient le duc : « Par la providence de Dieu [pour eux, le Ciel voyait ces ébats amoureux d'un bon œil], tu t'es lié à cette Norroise pour qui tu brûles [le feu, prometteur, car il est propice à la génération]. Afin que l'héritier de cette terre naisse d'un père et d'une mère danois [l'intégration s'achevait, et les principaux du duché se montraient d'autant plus soucieux de bien marquer leur singularité ethnique face aux Francs ; il ne leur déplaisait pas de voir s'introduire dans le lignage ducal un surplus de sang scandinave], attache-toi à elle bien vite par le nœud infrangible du pacte matrimonial afin que, après ta mort qui s'approche, le sol de ton duché soit régi par un valeureux rejeton. » Richard suivit ce conseil. Il épousa Gonnor « par loi [cette fois] maritale devant les évêques et le clergé, les grands et le peuple ». Passées les divagations du veuvage, il régularisait sa liaison. Il se rangeait.

Guillaume de Jumièges prend de larges distances à l'égard de ce qu'il lit dans Dudon. Il résume, ne mentionne les concubines qu'après avoir parlé de Gonnor, ne dit rien des amours préalables et rend compte d'un mariage *(matrimonium)* à la chrétienne *(cristiano more)*. C'était trop peu pour Robert de Thorigny. Alors qu'il travaillait à reconstituer la généalogie d'un descendant de Gonnor, Roger de Montgomeri, il ajouta ce qui suit, se fondant sur ce que des hommes âgés lui avaient rapporté de cette femme et de son mariage. Le bruit courait que le gardien de la forêt d'Arques possédait une épouse superbe, un morceau de roi. Alléché, Richard vint s'en assurer. « Hébergé dans la maison du forestier, séduit par la beauté du visage de sa femme [pour l'instant, il ne voyait que cela], il exigea que son hôte la conduisît cette nuit dans son lit. Tristement, le forestier avertit sa femme. Elle, en sage épouse, le consola, lui conseillant de *supponere*, de " mettre sous " le duc, à sa place, sa sœur Gonnor, vierge et plus affriolante qu'elle n'était. » Ainsi fut fait. « Lorsqu'il connut le subterfuge, le duc se réjouit d'avoir évité de pécher en prenant la femme d'un autre. »

(Pour le moine du Bec, l'adultère est un péché, mais, de la part d'un homme sans épouse comme l'était le duc, forniquer ici et là n'est que peccadille.) Selon ce témoignage, Gonnor, certainement scandinave, sortait de moins haut parage que ne l'assurait Dudon. Richard ne s'en sépara pas. Il l'emmena et la chérit. Durablement : il en eut trois fils et trois filles. Lorsqu'il voulut faire de Robert, l'un des garçons, l'archevêque de Rouen, le droit canon lui fut opposé. La mère de Robert n'avait pas été régulièrement *« desponsata »,* épousée. « C'est alors que Richard se l'accoupla à la chrétienne et ses fils déjà nés d'elle furent couverts par le *pallium,* le poêle », ce voile que l'on tendait sur l'homme et sur la femme durant les bénédictions nuptiales. Un tel rite les légitimait.

Quelques années plus tard, les poètes engagés par Henri Plantagenêt chantèrent les amours de Robert et de Gonnor. Vantant les mérites de cette femme, Wace fait état des qualités que Dudon attribuait aux épouses légitimes des premiers ducs. « D'œuvres de femmes, dit-il, elle savait autant que femme peut savoir. » Il pense aux travaux des mains, à des broderies, à des « ouvrages de dames », mais, sans aucun doute, car de son temps on appréciait fort les filles qui savaient agréablement « tastonner » les chevaliers lorsqu'ils déposaient le haubert, les flatter de leurs mains expertes, il pense aussi aux subtilités qui préparent les hommes à l'amour. Wace m'intéresse davantage lorsque, puisant à nouveau dans le souvenir que les gens de la maison gardaient de Richard Ier, il raconte sa nuit de noces. « La nuit après qu'il l'épousa », le duc vit Gonnor se coucher « d'autre manière et d'autre guise » qu'elle n'avait coutume. Elle lui tournait le dos. Il s'étonna :

Tu tournais vers moi ton visage.
Lorsque, répondit-elle, je couchais dans ton lit
Je me pliais à ton plaisir. Désormais je suis dans le mien.
Je me coucherai du côté qu'il me plaira.
Auparavant ce lit était vôtre
Aujourd'hui il est mien et vôtre
Jamais n'y couchai rassurée
Ni sans peur avec vous n'y chus.

Voici bien ce qui changeait quand une « amie » devenait « dame ». Elle cessait de se sentir simple objet, soumise au bon vouloir du mâle, poupée docile entre ses mains. La crainte tombait. Elle n'avait plus si grand-peur de pécher. Le mariage, c'était cela, l'assurance, un droit gagné dans le lit. Ce lit, la dame en était désormais maîtresse, en associée à part entière. Ce qu'affirmaient d'ailleurs, du temps que Wace écrivait, certains théologiens. Abélard n'avait-il pas déclaré que dans la couche conjugale les deux sexes se retrouvent à parité comme au jour de la

Création ? Et sur l'amie, la dame détient cet autre avantage : elle peut elle aussi décider des postures.

*

Dudon de Saint-Quentin, obligé d'évoquer ces femmes qui ne furent jamais de vraies dames, ou tardivement, mais qui couchaient avec le prince et l'emportèrent sur d'autres compagnes en lui donnant l'héritier du pouvoir, ne parle pas toutefois sans prudence de ce trait des « manières de vivre » qu'il avait mission de décrire : la polygamie, qui n'avait pas cessé de son temps. Plus libres que lui, les historiens francs, Flodoard ou Richer, ont vu dans les mères dont il fait l'éloge des femmes de peu ; pour eux, pas de doute, Richard était né « d'une concubine bretonne ». Lui louvoie, use à propos de ces liaisons du mot « connexion », du mot « conjonction ». Il se garde de mentionner l'apostrophe injurieuse de Louis d'Outremer au jeune Richard, et son discours demeure vague, bref, sauf à propos de l'amie de son patron et bienfaiteur, lequel, dit-il, « couvrait de parures les églises et non pas les femmes ». Gonnor en effet vit encore dans le palais. Elle y trône. Et comme, à la mort de Richard Ier, le fils d'une autre concubine avait pris les armes, revendiqué l'héritage, Dudon insiste sur la légitimation d'une union qu'il juge « prohibée », coupable, mais qui cessa de l'être dès que l'on eut procédé aux rites prescrits, dès que le couple fut rangé sous la « loi maritale ». Sans préciser toutefois, remarquons-le, qu'il s'agît d'un mariage chrétien. L'important était que ces rites et cette loi aient fait de Gonnor l'*uxor,* l'épouse, et de son fils aîné l'incontestable successeur.

Guillaume de Jumièges écrivait dans un monastère. La culture dont il était imprégné exaltait la virginité, exigeait des laïcs la chasteté, une sexualité régie par d'austères préceptes, ceux, à peine atténués, du monachisme, et les prélats, lorsqu'il résumait et rectifiait l'ouvrage de Dudon, s'efforçaient d'imposer cette même morale. La réforme que l'on dit grégorienne battait son plein en Normandie. Les conciles édictaient les règles du bon mariage, tandis que les évêques et les acharnés de la pureté vitupéraient les épouses des prêtres, ordonnant de chasser ces femmes : elles ne sont pas vraiment mariées, ce sont des concubines, et ce mot dans leur bouche signifie tout bonnement putain. Pour l'honneur du lignage princier, il importait donc que l'on ne pût confondre les aïeules, les mères des ducs successifs avec ces traînées, qu'on les tînt pour régulièrement unies au père de leur garçon. Voilà pourquoi le moine de Jumièges fait état de coutumes matrimoniales exotiques, non chrétiennes donc imparfaites, instituant cependant la procréation dans les ordonnances nécessaires. N'a-t-il pas lui-même forgé pour les besoins de la cause le concept de « mariage à la danoise » ? On peut se demander en tout cas si ce concept ne le fut pas dans l'entourage du Conquérant pour justifier après coup les droits de ces fils que, comme lui, leur père avait élus pour leur succéder parmi ceux qu'avaient mis au monde leurs multiples compagnes, et ceci en un temps où prenait corps la conception ecclésiastique de la conjugalité, où se mettait en place le rituel chrétien du mariage, où se formait simultanément la notion de bâtardise, celle-ci privant de la faculté d'hériter.

Quelques décennies plus tard, Robert de Thorigny, moine lui aussi mais moins distant que Guillaume de l'aristocratie laïque et de sa culture, dévoile un peu ce dont ses prédécesseurs n'avaient rien dit, l'indulgence des gens de la parenté à l'égard de la conduite sexuelle des princes, de ces débordements que l'imaginaire lignager transférait volontiers au fond des bois, dans les espaces du rêve et de la gratuité ludique. En cela Robert conduit droit vers Wace et Benoît. L'un et l'autre sont clercs, parfaitement intégrés cependant à la société courtoise dont ils flattent les goûts, dont ils expriment de leur mieux les penchants et les nostalgies. Ils reviennent à Dudon sans réticence. Ils ne se soucient pas de juger si les relations charnelles entre les aïeux et les aïeules de leurs protecteurs ont eu lieu dans le cadre d'une conjugalité correcte ou dans les dévoiements du désir.

Ils mettent en avant l'amour. L'amour tel qu'on le joue sous leurs yeux et qu'on le fait dans le beau monde. À la dame, à l'épouse, ça n'est pas la dévergondée qu'ils opposent, mais l'amie. Loin de les scandaliser, la polygamie des anciens temps les intrigue, ils en sourient, comme ils sourient de la polygamie de leurs contemporains, les chevaliers coureurs de femmes. Parmi les hommes qu'ils côtoient, « rarissimes, en effet, sont ceux qui se contentent d'une seule ». Le chroniqueur Gislebert, chanoine de Mons, l'écrit, eux le pensent, et d'expérience. Comme tous ceux que charment leurs poèmes, ils exigent seulement que les règles du jeu ne soient pas enfreintes, ce code rigoureux dans le respect duquel il est permis, sans désordre, en marge de la conjugalité, de faire place aux plaisirs de la joute amoureuse. Dans l'imagination de Wace et de Benoît, les premiers princes de Normandie traitaient les femmes comme prescrivent de les traiter les lois de ce divertissement que les historiens de la littérature médiévale ont appelé amour courtois, lois promulguées dans le dessein de contenir, d'encadrer la pétulance sexuelle des mâles. Pour ces romanciers comme pour tous ceux qui les écoutent, cette ardeur virile est vertu. Il est normal qu'elle se donne libre cours hors du cadre matrimonial. Seul importe que l'honneur soit sauf. À la « commune » des temps sauvages, la fine amour a substitué les « coutumes décentes », la réglementation précise de la chasse aux femmes. Les écrivains qui servaient Henri Plantagenêt ont par conséquent inséré les attitudes de Rollon et de Richard dans le tissu de galanteries du *Roman de Troie*. Les usages de la cour imposaient cette parure, un voile en vérité fort léger, diaphane, sous lequel se discerne en pleine évidence le réel, le substantiel, l'appétit de jouir, de goûter les joies du corps. Des plaisirs que Dudon de Saint-Quentin suggérait déjà, discrètement, choisissant pour qualifier les accouplements prolifiques de ses héros une épithète fort rare, *fescenninus* (on aimerait savoir par quels mots romans les « clercs lisant » traduisaient ce terme à l'intention de leurs auditeurs), ne condamnant nullement ces plaisirs, louant au contraire les compagnes des anciens ducs, épouses ou non, d'avoir convenablement su les réjouir par les attraits de leur chair, par leurs complaisances et par leur dextérité.

V

Arlette

Guillaume de Jumièges, Wace, Benoît ont évoqué la naissance du duc Guillaume que l'on surnomma longtemps le Bâtard. Son père, Robert, fils de Richard II, fut avec son frère le seul des sept premiers ducs de Normandie qui naquit après un mariage légitime. Il fut appelé le Diable en raison de la noirceur de son âme, mais on l'appelait aussi le Magnifique, car il s'était montré d'une grande largesse et débordant de vitalité généreuse. Il mourut « jeune », c'est-à-dire sans s'être jamais marié, le 2 juillet 1035 à Nicée en Asie Mineure, en chemin vers Jérusalem. Il était parti pour se laver de ses péchés. Il avait probablement empoisonné son frère Richard III que leur père avait désigné pour être son successeur à la tête du duché. Pour éteindre ses convoitises, on avait donné à Robert le comté de Hiemois, autour du château de Falaise. Il ne s'en contenta pas. « Mal conseillé », il se rebella, mena dure guerre. Une paix fut enfin conclue. Richard et

Robert se serrèrent la main droite, puis s'en allèrent manger ensemble en signe de réconciliation. À peine revenu dans son palais de Rouen, le duc fut pris de coliques et mourut. Tout le monde parla de poison. Guillaume de Jumièges en parle aussi, se fiant à « ce que beaucoup ont rapporté ». Pourquoi l'aurait-il tu ? Robert était mort pacifié, blanc comme neige. Périr sur la très pénible route de Terre sainte valait rémission des fautes les plus graves. Avant de partir, comme le faisaient tous les pèlerins, Robert avait réglé sa succession. Dans des formes semblables à celles que décrit Dudon, il aurait présenté à ses barons Guillaume encore mineur, « ce fils unique qu'il avait engendré à Falaise », leur demandant de l'établir « prince de la milice à la tête de la chevalerie normande ». Tout se serait bien passé. Selon la *Geste des ducs*, les chefs du pays donnèrent joyeusement leur accord et prêtèrent le serment de fidélité. Robert s'en fut. Il ne revint pas.

Le moine de Jumièges écrit du vivant du Conquérant, il n'en dit pas davantage. Reconstituant la scène, Wace transpose dans le passé les usages de son temps et montre Robert menant son fils au roi de France, le lui remettant « par le poing », afin que le jeune Guillaume devienne son homme et qu'il soit investi du duché en bonne et due forme. Wace place alors dans sa bouche ces importantes paroles : « Je le reconnais et tiens pour mien. » L'affirmation de paternité était en vérité fort utile. Quantité d'indices attestent en effet que, dans les grandes maisons de ce temps, les femmes vivaient mal défendues contre les assauts masculins. Celles, nombreuses, dont tirait plaisir le duc, étaient-elles aussi bien protégées que sa dame, son épouse ? Qui pouvait jurer qu'il était le seul à les avoir fécondées ? « Mien est, et ce n'est en doutance », lui fait répéter Benoît de Sainte-Maure, et préciser

Ce fils que j'eus de demoiselle.
S'il n'est d'épouse, ne vous en chaille.

De fait, certains des chefs de guerre qui voulurent profiter de la minorité de Guillaume pour étendre à ses dépens leur pouvoir prétendirent qu'il n'était pas le fils du duc. *Nothus* – c'est ainsi que Guillaume de Jumièges traduit en latin le mot bâtard, ce mot que Roger de Tosny, descendant du père de Rollon, lança avec dédain au visage de Guillaume, ce mot que reprit le comte des Bretons Conon qui, lui, revendiquait tout l'héritage : « Tu t'es emparé de la Normandie contre le droit car tu es bâtard. » L'un et l'autre mettaient en cause non pas la légitimité de l'union dont procédait Guillaume, mais la formule de reconnaissance prononcée solennellement par Robert le Diable, « que, ajoutait Conon, tu t'imagines être ton père ». Guillaume de Jumièges rejette évidemment de telles assertions. Restait un fait, celui-ci incontestable et gênant, et justifiant l'accusation de bâtardise, donc la contestation politique : Guillaume était né hors mariage et d'une mère qu'il était permis de mépriser. Quant à la condition de cette femme, l'information vient des moines qui complétèrent au début du XIIe siècle la *Geste des ducs*, en particulier d'Orderic Vital.

Celui-ci révèle qu'elle passait pour être d'humble origine. Alors que, dit-il, Guillaume assiégeait Alençon, les gens de la ville le narguaient. Du haut des remparts, ils balançaient sous son nez des peaux et des cuirs, lui rappelant ainsi que « les parents de sa mère étaient des pelissiers ». Orderic est plus précis lorsqu'il commente l'invective de Roger de Tosny. *Nothus* ? C'est bien vrai, Guillaume était un bâtard, « il naquit d'une concubine du duc Robert, nommée Herleva, fille de son chambellan Fulbert ». Non pas donc d'un tanneur, mais d'un domestique. Cette Herleva était l'une de ces fillettes nées de serviteurs, élevées dans la demeure du maître et parmi lesquelles ce dernier choisissait ses « amies ». Jamais le père de son fils ne la prit pour dame. Concubine, le mot choisi pour la désigner la range parmi les femmes de prêtres, ces compagnes illicites, pécheresses, que les prélats réformateurs enjoignaient en ce temps de jeter à la rue. Orderic apprend enfin que cette fille, après la mort du duc Robert, fut prise, et cette fois pour épouse légitime, par un chevalier de qualité, Herloin, à qui elle donna deux fils, « Eudes et Robert, plus tard très célèbres ». La compagne de Robert le Magnifique connut donc un meilleur sort que celle de Guillaume Longue-Épée. Elle devint vraiment dame, et les enfants du second lit, comme ceux de Sprota, furent les compagnons fidèles et très aimés de leur frère aîné.

Celui-ci, accusé de bâtardise par les nobles du pays, et spécialement « par ceux nés de la race des Richard », dut lutter farouchement contre quantité de compétiteurs, contre les descendants des premiers compagnons de Rollon, contre les descendants des sœurs de Gonnor, contre les hommes de son sang surtout, issus soit d'une autre concubine de son père, soit d'une amie de son grand-père, enfin contre ses cousins les plus proches, de naissance parfaitement légitime, et qui furent les plus dangereux. Il fallut un jugement de Dieu, l'une de ces batailles « champels », de ces liturgies militaires rares et solennelles par quoi en une journée, comme à Hastings ou à Bouvines, le destin d'un État se réglait d'un coup, le Ciel désignant le prétendant légitime en lui donnant la victoire, il fallut le combat victorieux du Val des Dunes en 1047, douze ans après la mort de son père, pour assurer à Guillaume la possession paisible de la Normandie.

La polygamie des princes se montre ici sous son mauvais jour, dangereux facteur de discorde, et l'on voit clairement le rôle que tinrent durant la première moitié du XIe siècle la mise en forme du mariage chrétien, la définition du concubinage et de la bâtardise, l'implantation de fermes structures lignagères fondées sur le droit d'aînesse, pour instaurer après l'an mille un nouvel ordre politique. Auparavant, les risques de conflit avaient été conjurés par l'autorité du chef de maison et par un cérémonial de reconnaissance et d'approbation collective. Lorsqu'il n'avait pas un fils né d'une épouse, il était admis que le prince, triant parmi les garçons qui grouillaient dans ses jambes, désignât celui qui hériterait son pouvoir, élevant du même coup au-dessus des autres une de ses compagnes de plaisir. À la mort de Robert le Magnifique, ces procédures de légitimation manquèrent leur but pour trois raisons. Parce que l'orphelin était mineur. Parce que des seigneuries se construisaient à travers la province autour des châteaux et que l'émergence de ce qu'on appelle la féodalité ébranlait le pouvoir ducal. Parce que enfin la conception ecclésiastique de la conjugalité commençait à s'imposer, rejetant dans l'illégalité toute autre forme de procréation, parce que, dans le fort du combat pour le célibat des gens d'Église, les amies des princes furent assimilées aux épouses des prêtres, et leurs fils à ceux des prêtres, auxquels était maintenant refusé le droit de succéder à leur père dans le sacerdoce. Herleva occupait en fait une position très semblable à celle des compagnes des anciens ducs, celles que Guillaume de Jumièges disait épouses à la danoise. Sa liaison avec Robert ne fut pas une passade. Elle dura. Un autre enfant naquit, Adélaïde, que prit pour femme sans répugnance le comte de Mons. Mais le duc Robert ne songeait pas à s'attacher plus étroitement la fille, si plaisante fût-elle, de son valet de chambre, sans doute de condition servile comme l'étaient en ce temps la plupart des gens de maison. Robert le Diable le savait bien : la bigamie n'était plus de mise. Il entendait demeurer libre d'épouser un jour en mariage officiel, politique, une femme d'un sang égal au sien, digne de lui, cousin germain d'un roi d'Angleterre. Mais il s'en alla trop vite et tout le monde, Guillaume de Jumièges, Orderic Vital, Robert de Thorigny, tint pour bâtard Guillaume, le garçon que par précaution, en mesure provisoire, il avait présenté lors de son départ comme son héritier présomptif. Cependant, le fils d'Herleva gagna la partie, s'appuyant contre les rebelles sur ses deux frères de mère. Il se maria, se posa dès lors en mainteneur des bonnes mœurs, et sa double victoire, au Val des Dunes puis à Hastings, confirma aux yeux de tous que Dieu voyait en lui le chef légitime de la maison ducale.

Un siècle après sa mort, pour plaire à son arrière-petit-fils Henri l'Angevin, Wace et Benoît construisirent un bel épisode amoureux, partant des quelques mots qu'Orderic avait écrits en marge de la *Geste des ducs*. Wace place l'aventure parmi quelques autres attestant la « magnificence » de Robert. Benoît de Sainte-Maure développe le récit et nous voyons grâce à lui comment on aimait à rêver dans les cours la relation de libre amour. Dans les exubérances de sa jeunesse, le duc poursuivait assidûment les filles. « C'était, dit Benoît, l'un de ses grands déports [son sport favori] d'avoir donzelles. » L'une d'elles attira son regard au passage. Près d'une fontaine, avec d'autres lavandières, elle blanchissait le linge du ménage. Travail de femme, de « fille à bourgeois ». Il faisait chaud. Arlot, Arlette – le nom lui est resté dans l'histoire, gardons-le – avait retroussé sa robe, exhibant des beautés ordinairement cachées, ses jambes aguichantes. Robert les vit « belles et blanches ». Il « tourna ses amours vers la fille ». Entendons qu'il désira en tirer jouissance.

Le portrait que Benoît esquisse ici d'Arlette déçoit. Banal, il dote cette fille du peuple de tous les attraits dont il était d'usage de parer les princesses : sagesse, courtoisie, prouesse, beauté. Ses cheveux sont blonds, son front lisse, ses yeux sans orgueil, sa bouche parfaite, de même que son menton, son cou, ses bras. Rien n'est dit des tendres blancheurs que dissimule décemment le vêtement des filles sages et dont le peu qu'en aperçut Robert le Diable suffit à éveiller au tréfonds de son corps les ébullitions du désir. Trois adjectifs enfin résument les appas d'Arlette : elle était « gente », elle était « blanche », elle était « grasse ».

Mordu, le duc envoie deux hommes de la maisonnée, un vieux chevalier et son chambellan privé, parler au père de la petite. Qu'il consente à laisser le prince « aimer de grand amour » sa fille. Quand Robert n'en voudra plus, il l'unira à quelque seigneur bien riche. Refus. Le père entend donner sa fille en mariage à l'homme qu'il choisira lui-même du conseil de sa parenté. Déjà, de plusieurs côtés, on la demande. Il ne veut pas, lui vivant, la voir « soignante à nul homme » servir la lubricité des mâles. C'est alors qu'entre en scène le personnage dont la fonction dans les romans courtois est d'énoncer la morale des chevaliers, l'ermite. Un frère du père, un saint homme. Il le convainc de consentir. Il convainc aussi sa nièce, lui remontrant tout le profit que la rencontre lui promet. On s'accorde, on fixe le moment où le doux objet sera livré. De nuit bien sûr, le temps des plaisirs coupables.

La pucelle se dit alors « en effroi ». Non d'être prise, mais de ne pas paraître assez plaisante à l'homme qui va la prendre. Elle s'apprête.

A fait tailler robe fraîche,
belle, bien faite et bien séante,
et à son corps bien avenante.

Un écrin pour tout le précieux qu'elle offre. Le soir venu, à l'heure dite, les deux émissaires se présentent. Ils ont ordre de conduire Arlette au château. Secrètement : le fait ne doit pas être su, colporté par la « gent vilaine ». Ceci moins pour l'honneur du prince, le peuple en effet lui passe aisément ses fredaines, que pour celui de la fillette. Dans la chape de laine qu'ils ont apportée, les messagers vont donc empaqueter Arlette. Ils la ramèneront chez elle, la chose faite, avant le chant de l'alouette. Ni vu ni connu. La pucelle à ces mots se guinde, refuse obstinément le clandestin : puisque le duc l'appelle, « puisque son gent corps demande », il ne la prendra pas entre deux portes comme on prend les chambrières. Elle exige une escorte, elle réclame un palefroi comme en ont les mariées. Puis, ajoutant encore aux agréments de sa toilette, elle s'accoutre à la manière des fiancées : une chemise de fin tissu, un pelisson de petit-gris par-dessus, blanc, frais, sans lacet, bien ajusté au corps, aux bras surtout, un court manteau, les cheveux bandés d'une chaîne d'argent. Point de guimpe. Elle est encore vierge, ses cheveux flotteront au vent comme ceux des filles que l'on conduit à la chambre de l'époux. Sur le seuil, elle salue son père et sa mère. Elle pleure, la coutume le veut. Joyeuse en son cœur pourtant car, elle le sait, cette nuit même elle sera fécondée et le garçon qu'elle portera, plus glorieux qu'Hector, surpassera Arthur et Charlemagne. C'est le péché qu'elle appréhende. Déflorant une fille qu'il n'entend pas épouser, le duc cette nuit va pécher. Non pas contre la morale sexuelle : il est jeune, il n'est pas marié ; qu'il se plaise à la bagatelle est dans la nature des choses. Il va pécher contre la morale sociale. Car il s'agit de se conjoindre pour l'engendrement d'un héros. Un acte aussi grave ne s'accomplit pas en cachette. Aussi Arlette refuse-t-elle de se glisser dans le château par un guichet, à la dérobée. Elle veut entrée solennelle, comme une qui va devenir dame.

C'est dans la « chambre peinte », parée, comme la chambre d'albâtre du *Roman de Troie,* pour les plaisirs du déduit, que Wace a situé le piquant de l'aventure, la merveille. Arlette est entrée dans le lit. Elle porte encore sa chemise. À la surprise de Robert, voici que d'un grand geste elle la déchire par le devant et la fend jusqu'aux pieds. Il ne serait pas décent, dit-elle, que le bas de ce linge, après avoir touché ses pieds et ses jambes, fût tourné, se troussant, vers la bouche d'un si noble amant. Ce discours de la femme au lit fait pendant à celui de Gonnor. Mais le lit où prend place Arlette n'est pas nuptial, il n'est pas « sien ». Par sa dénudation solennelle, elle avoue s'abandonner en pleine révérence à ce corps d'homme dont elle va recueillir la semence. Benoît s'avance un peu plus loin. Il décrit la pucelle se dépouillant à petits coups, retirant d'abord ses manches, puis exposant un à un ses charmes.

Le cierge brûle tout clair,
le corps paraît très bien fait.

En pleine lumière. Non pas honteusement, dans l'obscurité où se cachent les fornicateurs. Une ostension. Ce corps fièrement offert à celui qui va s'en saisir, le plus beau qu'il ait vu de sa vie. Que fait-il alors de ce corps ? Benoît se tait. « Je ne veux dire autre chose. »

Libre à chacun d'imaginer. Après coup, la fille s'endort. Elle rêve. Comme souvent dans les vies de saints le fait la mère du héros, comme rêvait sainte Ide de Boulogne, avant de porter en son sein le futur Godefroi de Bouillon. Arlette voit un arbre sortir de son ventre, cet arbre dru, jaillissant qui, dans le plein de sa croissance, va recouvrir de son ombre la Normandie tout entière. En effet, elle a déjà conçu, elle a, dit Benoît, « très bien employé son pucelage ». Quant à Wace, il termine sur les enfances de Guillaume. Son père

le fit nourrir très richement
et tout aussi noblement
que s'il fût d'épouse né.

Arlette

Henri Plantagenêt décidément n'a plus à rougir de son arrière-grand-mère. Bourgeoise certes, mais « sage et preuse », elle a parfaitement joué son rôle, obtenu que l'accouplement fût honoré, que l'on respectât le rituel des noces : ses parents ont consenti, ils lui ont donné congé ; convenablement parée, on l'a conduite en cortège jusqu'à l'autel du sacrifice. De surcroît, elle s'est montrée aussitôt fertile, prête à l'ensemencement comme l'exigeaient les prêtres et comme on souhaitait dans les cours que toutes les dames le fussent. Rien n'a manqué, sinon la lumière du jour, le banquet, les réjouissances publiques, sinon surtout les bénédictions de l'Église. Dieu, du moins, de toute évidence a béni l'union et son fruit, Dieu, le Dieu des ermites, d'assez large complaisance à l'égard des joies charnelles. Arlette s'était fiée à lui, « qu'Il lui donnât joie féconde ». Dieu ne s'est pas détourné, légitimant dès sa conception Guillaume, le disculpant par grâce spéciale d'une apparente bâtardise.

LE POUVOIR DES DAMES

Aux yeux d'un duc de Normandie, le seigneur d'Ardres et même le comte de Guînes semblaient de minces personnages. Comme le Plantagenêt pourtant, ils se soucièrent en 1194 d'élever un monument littéraire à la mémoire de leurs ancêtres. De toutes les histoires familiales où demeurent quelques traces des dames de ce temps, celle-ci sans conteste est la plus riche, la plus savoureuse. Par chance, nous pouvons encore la lire. Sur la ligne où s'affrontaient les rois de France et d'Angleterre, la terre de Guînes fut en effet, pendant la guerre de Cent Ans et après, une position stratégique et politique de toute première importance, convoitée, partagée, reconquise : du 7 au 24 juin 1520, le fameux Camp du Drap d'or où François Ier et Henri VI firent assaut de magnificence se tint entre Guînes et Ardres, précisément. Le comté, d'autre part, échut à des maisons illustres, proches de la maison royale : les Brienne l'acquirent du roi de France qui l'avait acheté en

1282 ; puis il passa dans la maison de Bar, l'une des souches de la maison de Bourbon. Dans ces grandes demeures, on prit soin d'un écrit qui parlait d'aïeux lointains, d'un héritage contesté. On le copia, on le recopia, on le fit traduire du latin. Le plus ancien des manuscrits que l'on conserve se trouve à la bibliothèque Vaticane dans le fonds que légua la reine Christine de Suède, nº 696. C'est un livre très soigné dont on date l'écriture du XVᵉ siècle.

De ses cent vingt-trois folios, le premier manque. Il présentait vraisemblablement en frontispice une illustration. Par une autre copie que le bailli et le maître d'école de la petite ville d'Audruicq ont collationnée en 1586 sur l'original, on sait que sur cette page figuraient trois blasons, d'une part les armes de France, d'autre part, écartelées, celles des comtes de Guînes et des seigneurs d'Ardres. Au-dessous, on voyait un prince assis recevant un livre des mains d'un homme debout, vêtu d'une longue robe. Cette double image définit parfaitement ce qu'est l'ouvrage. C'est l'histoire, distincte, de deux maisons, Guînes et Ardres, séparées depuis leur origine, mais qu'un mariage vient de réunir, toutes deux soumises à l'autorité du roi de France, Ardres cependant subordonnée à Guînes. Son auteur, qui remet le manuscrit à celui qui a commandé de l'écrire, est un homme d'Église, un « maître ». Il se nomme dès la première ligne, dans le titre du prologue, Lambert, et se désigne aussitôt comme « prêtre de l'église d'Ardres ».

La copie de 1586 a disparu, mais elle fut transcrite en plusieurs exemplaires. En dérivent les éditions modernes qui permettent d'utiliser aisément ce document fascinant. Fascinant, parce qu'il est, c'est le mot qui convient, extraordinaire, si vert, si cru, si naturel, livrant tant de notations concrètes sur le plus quotidien de la vie, qu'il a déconcerté les érudits, et comme les premières transcriptions qu'on en possède sont plus jeunes que lui de trois siècles, on a douté de son authenticité. Ce que nous lisons n'a-t-il pas été forgé dans les derniers temps du Moyen Âge ? L'hypothèse, en fait, F. L. Ganshof l'a savamment démontré, ne tient pas : un faussaire n'aurait pu s'approprier si bien les attitudes, la vision du monde, imiter à s'y méprendre la manière d'écrire d'un contemporain de Philippe Auguste. Assurés de sa véracité, les historiens de la société féodale se sont emparés de cet écrit, Marc Bloch, en particulier, après Guilhermoz. Moi-même je m'en suis servi à plusieurs reprises, bien loin cependant d'exploiter toute sa richesse. Pour ce qu'elle révèle du pouvoir des femmes, je reprends ici cette histoire.

I

Environnement

L'un de ses mérites, le principal peut-être pour la recherche que je poursuis est de décrire le milieu où vécurent la dizaine de dames que Lambert a connues, a vues de ses yeux et où, peu soucieux d'anachronisme, il a situé d'autres femmes, celles-ci disparues, certaines depuis des siècles, dont on répétait les noms dans la maison et dont le commanditaire de l'ouvrage attendait qu'il parlât. Ces femmes évidemment sont perdues au milieu d'une cohue d'hommes, écrasées, étouffées par eux. Cette histoire est, elle aussi, une histoire de guerriers. Dans le prologue et la préface, l'auteur l'annonce clairement. Il s'est mis à l'ouvrage, à la requête d'un homme, « le chevalier très vaillant [...] Arnoud de Guînes [...] son seigneur et son maître ». Il écrit « à la louange, à la gloire, en l'honneur » des ancêtres de cet Arnoud, afin que soit conservé le souvenir « de leur nom et de leurs exploits ». Ce sont des hommes, « les comtes de Guînes et les grands d'Ardres ». Derrière ces figures masculines gesticulant, piaffant, plastronnant sur le devant de la scène, on entrevoit de temps à autre celle d'une femme. Elle disparaît presque aussitôt. C'est tout juste si l'historien peut à la volée en saisir parfois quelques traits. On ne trouve pas ici, comme dans l'histoire des seigneurs d'Amboise ou dans celle des ducs de Normandie, la moindre esquisse d'un portrait de dame. Quelques mots d'éloge ici et là, Lambert usant d'ailleurs des mêmes formules qu'il s'agisse de la maîtresse de maison ou de l'une de ces filles que son époux poursuit et déflore au passage. « Nobles », « belles », les unes et les autres, toujours. Sans plus. Résignons-nous. Ces chevaliers très valeureux occupent tout le champ, ils attendent que le narrateur clame leurs vertus. À quoi bon parlerait-il des femmes ? Elles comptent si peu. Tel est l'un des enseignements les plus évidents de ce récit. D'ailleurs il n'est pas mauvais que les hommes soient là, si clairement campés. Il faut évidemment leur faire place, sans quoi l'on risquerait de se méprendre sur le statut, les droits et les devoirs des dames. On a trop longtemps écrit l'histoire sans se préoccuper des femmes. Évitons de tomber dans le travers inverse, de concevoir une histoire des femmes qui ne se soucierait pas des mâles. Au XIIe siècle comme aujourd'hui, masculin et féminin ne vont pas l'un sans l'autre. Mieux comprendre les relations qu'entretenaient les deux sexes, tel est le but de mon enquête.

Masculin, le décor est militaire. Les dames de Guînes et les dames d'Ardres ont toutes eu pour mari un foudre de guerre, maître d'une forteresse que son plus lointain ancêtre, fondateur de la dynastie, avait, il en était persuadé, édifié. Lambert n'en doute pas non plus. Pour lui chacune des deux lignées a pris naissance en même temps qu'un château, lorsque le chef d'une bande de cavaliers décida « d'élever en premier lieu une grosse masse de terre pour faire un fort – ce que les parlers romans appellent en ce temps une motte –, puis de l'entourer d'un double fossé ». Les mots que je cite décrivent les débuts du château de Guînes qui fut certainement bâti le premier. Dans les premières décennies du xe siècle, comme le prêtre Lambert le suppose ? On peut en douter. Soucieux de repousser très haut dans le passé l'origine de ce lignage, l'historien est parti de quelques noms d'hommes qui flottaient dans les mémoires. Il a construit arbitrairement les trois premiers degrés de la généalogie. En fait, les plus anciens des Guînes attestés par des documents d'archives sont Eustache et Baudouin (deux noms qui les rattachent aux deux maisons les plus puissantes de la région, celle des comtes de Boulogne et celle des comtes de Flandre, fiers les uns et les autres de descendre de Charlemagne). Eustache vivait vers 1030. Il avait apparemment compté parmi les garçons que nourrissait le comte de Flandre, lequel lui donna pour épouse la fille de son chambrier. Selon toute apparence, il porta le titre de comte. Son fils Baudouin, lui, le porte dans un acte souscrit par le roi Philippe Ier en 1065. Je daterais volontiers la fortune de la famille et, sinon la fondation, du moins le renforcement du château des deux ou trois décennies qui suivirent l'an mille, le moment où dans la France du Nord, les maîtres de quelques robustes forteresses parvenaient à s'approprier la dignité comtale, prenant ainsi rang parmi ces délégués que Dieu, par l'intermédiaire du roi, son lieutenant, chargeait officiellement de faire régner la paix sur la terre en son nom.

Lambert en sait beaucoup plus sur le château d'Ardres. Son patron y vit, lui-même y a passé son enfance et la motte jouxte l'église où il sert. Dans la maison, le souvenir est net : le château fut élevé vers 1050 par Arnoud. C'était un garçon d'aventure, un cadet peut-être, le trisaïeul de cet autre Arnoud à qui Lambert dédie son livre. À moins de huit kilomètres du château de Guînes, dans un espace alors désert, « entre deux écluses distantes l'une de l'autre d'un jet de pierres, au plus profond d'un marais fangeux, non loin du pied de la colline, cet Arnoud éleva un amoncellement de terre, une motte très haute ou un donjon, en signe de défense ». Un signe, en effet, l'emblème d'un pouvoir, celui de commander et de punir, de maintenir l'ordre par les armes. Des légendes entouraient l'acte fondateur sur quoi prenait appui tout l'honneur des « grands d'Ardres ». On racontait qu'un ours domestique avait collaboré aux travaux de terrassement, qu'une petite gemme rehaussée d'or, un pendentif « porte-bonheur », se trouvait cachée au centre de la motte, « en un lieu obscur et secret ». Arnoud s'était lui aussi fait place en louvoyant entre les comtes de Flandre et ceux de Boulogne. Ce fut Baudouin V de Flandre qui l'incita à fonder le château pour affaiblir le comte de Guînes dont la jeune puissance l'inquiétait. Arnoud était ainsi devenu « sire » et l'un des douze pairs de Flandre. Il servit également Eustache de Boulogne, le père de Godefroi de Bouillon, qui, en superbe récompense, lui permit d'épouser la veuve du comte de Saint-Pol, lui offrant ainsi le moyen d'exploiter à son profit cette fructueuse seigneurie. Lambert dit qu'Arnoud consacra ce qu'il gagna dans l'affaire à rendre plus orgueilleux le château d'Ardres.

Dans le même temps, il s'était employé à se faire admettre, à s'insérer dans le tissu des pouvoirs préexistant. Il s'était lié d'abord aux puissances ecclésiastiques, moins exigeantes, à l'évêché de Thérouanne, à l'abbaye de Saint-Bertin, qui lui confia le soin d'assurer la justice et la paix dans ses domaines. Plus tard, alors que, très riche, « il résidait en sûreté dans son Ardres », il s'était finalement arrangé avec le comte de Guînes, maître éminent du territoire où il venait de s'installer, obtenant qu'il reconnût la pleine liberté du « châtillon », du petit *oppidum* qu'il avait édifié. Lambert, qui voyait autour de lui l'argent couler à flots, servir à tout, assure que, pour cette franchise, Arnoud aurait donné « un tonneau plein de deniers ». En 1094, à la veille de sa mort, il s'était attaché plus étroitement au comte de Flandre, reprenant en fief de Robert II le donjon et lui faisant pour cela hommage. Pourtant, le premier des seigneurs d'Ardres n'avait pas jugé suffisantes les protections dont il s'était entouré, les remparts de terre et de bois, les fossés, ses alliances, son escorte de guerriers. Il lui paraissait aussi nécessaire, sinon plus, de s'assurer les faveurs du Ciel, de s'entourer d'une équipe d'hommes de prière. Une *ecclesiola,* une petite église dédiée à saint Omer, s'élevait sur la colline au-dessus du château. Un prêtre y passait de temps en temps dire un office. Un jour, en 1069, d'accord avec l'évêque et le desservant, Arnoud s'était rendu à la porte de cet oratoire accompagné de ses fils et de ses filles. Sur le seuil, il avait avoué à voix haute, devant Dieu, devant saint Omer, qu'il renonçait à tout pouvoir sur ce lieu. Puis il était entré, avait déposé sur l'autel une bannière marquée d'une croix, signe du transfert des pouvoirs, d'où pendait, signe de paix, un rameau vert d'olivier. Il apportait une relique enchâssée d'or et de pierres précieuses, l'une des dents de saint Omer que les chanoines avaient déchaussée pour lui du chef de leur patron, et puis des livres, l'Ancien Testament, le Nouveau, des ornements d'église. Il les avait pris dans le trésor de la collégiale de Saint-Pol dont il avait la garde au nom de son épouse. Ainsi convenablement garnie, l'*ecclesiola* pouvait devenir *ecclesia,* le siège d'une paroisse. Il suffisait d'y installer à demeure un homme d'Église. Arnoud en mit plusieurs. Il voyait les châteaux du comte de Flandre et d'autres seigneurs du pays flanqués tous d'une collégiale, d'un chapitre de chanoines. Il fonda donc dix prébendes, donna l'une au desservant, une autre à l'un de ses bâtards, déjà chanoine de Saint-Omer. Ce collège prierait pour lui et pour ses sujets. Un peu plus tard, il le transféra dans un bâtiment neuf, placé sous le patronage de la Sainte Vierge. Accolé à sa demeure, ce fut « comme sa chapelle », un lieu de culte privé, le sire siégeant parmi les chanoines, les dirigeant, chantant avec eux, distribuant rituellement les aumônes comme le faisait le comte de Flandre, son seigneur. C'est ainsi qu'Arnoud d'Ardres sacralisa le pouvoir qu'il devait à ses armes. Dans la même intention, le comte Baudouin Ier de Guînes fondait en 1084 à Andres, près de son château, une abbaye d'hommes.

Avec beaucoup d'intelligence et de sagacité, Lambert sollicite la mémoire lignagère. Elle est précieuse. Elle montre comment, au XIe siècle, autour d'une fortification et d'un sanctuaire, se formèrent de petits

États. De ces deux-ci, l'un en principe dominait l'autre. Lambert le marque nettement : les Ardres, ses patrons, il les dit *proceres,* des « grands », des « chefs ». Alors que les Guînes sont comtes, persuadés à ce titre de détenir l'autorité sur tous les habitants du territoire comtal, y compris sur les maîtres du château d'Ardres. Lorsque l'un des Guînes maria son fils à l'héritière d'Ardres, Lambert affirme qu'il s'humilia. En fait, les deux principautés étaient de force égale, vouées à se combattre : Ardres, la plus récente, s'enfonçait comme un coin dans l'autre. C'est pourquoi cette histoire de chevaliers est essentiellement, comme les romans courtois, une suite de péripéties militaires. La guerre n'a jamais cessé deux siècles durant dans la terre de Guînes.

Ce pays, Lambert le donne à voir en quelques mots. « Il se prête à l'activité pastorale, à l'élevage des moutons et autres bestiaux ; c'est une étendue vallonnée et bocagère coupée de bosquets ; champs et pâtures s'y mêlent ; une plaine de marais gorgés d'eau la borde. » Deux paysages, en effet, se juxtaposent : le revers des collines du Boulonnais ; en contrebas, au Nord, un vaste espace plat. Dans l'Antiquité tardive, la mer l'a envahi. Puis il s'est comblé lentement et peuplé. Au temps de Lambert, on le voit piqueté de paroisses neuves et la bonification s'achève, on commence à se disputer ce qui reste de terre inexploitée. Lorsque le frère d'Arnoud de Guînes a voulu « fossoyer et trancher en tourbes » un morceau de marécage, ses voisins et les usagers se sont levés contre lui. Lambert l'a vu et, dans le dernier chapitre de son livre, relate un conflit moins bénin. Subsistait encore, en deçà du cordon littoral, une assez large étendue de solitude aquatique. On l'appelait le marais du roi. Elle formait frontière entre la terre de Guînes et celle de Boulogne. Le comte Baudouin II entreprit de la drainer. Aussitôt averti, le sénéchal du comte de Boulogne convoqua les habitants du pays de Marck, les « keurebroeders », la fraternité de la coutume. Tous, hommes de pied, hommes de cheval, se présenteraient avec trente jours de vivres, leurs outils et des armes ; ils creuseraient un fossé profond de manière à soustraire le terroir à l'emprise du seigneur voisin. Les voici qui commencent à couper les arbres déjà plantés par la domesticité comtale, qui piochent, qui balancent la terre, qui se moquent des gens d'en face. Ceux-ci ripostent. Juché sur un monticule, le comte Baudouin voit la débandade, les adversaires bousculés, dispersés, « les uns sur les chemins, d'autres sur les fossés, d'autres encore dans les marais ». On ramena leurs bannières, on les suspendit en signe de victoire dans l'église d'Ardres.

La querelle est minuscule, péripétie insignifiante au sein d'une permanente hostilité entre principautés rivales. Je la retiens cependant, car elle atteste que l'espace productif devenait rare dans un pays qu'une très vive croissance de la population commençait de remplir à pleins bords. Elle prouve aussi que l'élevage rapportait gros dans les collines « aux amples rassemblements de pâtures », et davantage dans les prés-salés du pays bas. La prospérité cependant venait principalement de la route. Guînes et Ardres se trouvaient placés sur un axe majeur de la circulation à travers l'Europe, le faisceau de chaussées branché sur de vieilles voies romaines menant d'Angleterre par Sangate, Wissant et d'autres grèves vers Saint-Omer – ce bourg que les comtes de Flandre avaient fortifié aux portes de la très vénérable abbaye de Saint-Bertin – et vers Thérouanne – reste d'une cité romaine, déchue certes, mais non pas rayée de la carte, car l'évêque, son chapitre, l'école cathédrale y demeuraient fixés. De Saint-Omer, on allait vers Ypres, Gand, Bruges. De Thérouanne, vers Arras, la France, la Champagne, vers Rome. Ce chemin, de tout temps, les gens de guerre, les pèlerins, les négociants l'avaient emprunté. On les voyait depuis deux siècles toujours plus nombreux, toujours plus actifs. Témoin de l'essor continu du trafic, le développement rapide d'une bourgade à la porte du château d'Ardres.

On se souvenait encore du temps où, près d'une ancienne station romaine maintenant noyée sous les eaux stagnantes, il n'y avait là qu'un cabaret où l'on buvait de la bière. Les paysans de l'endroit y venaient « chouler », jouer à la soule. Des étrangers s'y arrêtaient aussi, notamment ces trafiquants d'Italie qui, dit Lambert, « allaient au pays d'Angleterre pour leurs affaires ». Arnoud le fondateur choisit évidemment cet endroit pour implanter dans le marais la forteresse : ses guerriers protégeraient les gens de passage ; ils en tireraient des pièces d'argent. Mus par l'espoir de profiter, eux aussi, de la circulation et des échanges, des migrants venus des villages voisins affluèrent. Un souk, un marché du jeudi prit bientôt naissance sous le contrôle du seigneur. Vers 1100, l'agglomération devint un bourg lorsque le maître de la forteresse l'eut fait enclore « d'un fossé grand, profond et ample ». Soixante ans plus tard, on tenait les réunions de justice, on étalait les denrées sous la toiture de plomb d'une halle solidement construite. Les femmes que l'on voit apparaître dans cette *Histoire* ont vécu, ne l'oublions pas, dans l'une des régions de la chrétienté alors les plus vigoureusement vivifiées par le développement du commerce. Pour les seigneurs des deux châteaux, pour le comte surtout, la route était occasion de dépense. Il se devait d'accueillir les passants de qualité. On se souvenait encore à l'orée du XIIIe siècle de la somptueuse réception dont avaient été successivement l'objet quelques décennies plus tôt l'archevêque de Cantorbéry, Thomas Becket, et l'archevêque de Reims.

Ces nuits-là, le vin blanc avait coulé à flots dans la salle. Il venait de loin, des vignobles de Laon, de Paris. Il coûtait cher. Mais de la route les protecteurs de la paix publique tiraient en revanche de belles quantités de monnaie, cette monnaie devenue si nécessaire au temps où Lambert achevait son ouvrage, indispensable pour mener utilement la guerre.

Hormis les jours de forte pluie, de bourrasques ou de durs frimas durant lesquels ils restaient à l'abri chez eux, le comte de Guînes et le seigneur d'Ardres, engoncés dans le haubert, l'épée en main, chevauchaient à la tête de leurs hommes. La guerre était leur métier, leur plaisir. Longtemps et dès que fut érigé le château d'Ardres, ils se battirent l'un contre l'autre en dépit de l'hommage que le premier des Ardres avait prêté, en dépit du monceau de pièces d'argent qu'il avait déversées aux pieds du comte pour l'amadouer. L'un pourchassait l'autre jusqu'aux fossés du château, l'y tenait enfermé un moment, levait le siège dès qu'il voyait paraître, venus à la rescousse, les amis de l'assiégé, se retirait talonné par l'adversaire, refoulé à son tour jusqu'à son propre donjon. Un jour venait où ils consentaient à s'embrasser. Une trêve interrompait quelque temps ce va-et-vient dévastateur. Le plat pays était gâté. On déplorait parfois des morts. L'un des seigneurs d'Ardres, le crâne perforé par une flèche, faillit laisser sa peau dans ce jeu. Après un long siècle d'escarmouches, la rivalité prit fin miraculeusement. Succédant par hasard à son beau-frère disparu durant la seconde croisade, Arnoud IV, le nouveau seigneur d'Ardres, voulait la paix. Il s'entendit enfin avec le comte Arnoud. Les deux Arnoud s'unirent pour défendre la terre de Guînes. Ils furent désormais « comme les deux mains d'un seul corps », « comme un seul cœur, comme une seule âme », modèles de l'amitié vassalique. « Guînes exulta dans la paix, et la cour d'Ardres s'en réjouit avec elle [...] le comte ne prétendit plus user de sa puissance arrogante à l'égard de son vassal et sujet, lequel cessa la vieille rébellion et ne refusa plus à son seigneur honneur et révérence. » Un mariage scella l'accord. Arnoud d'Ardres donna sa fille héritière au fils aîné d'Arnoud de Guînes. De cette union naquit un nouvel Arnoud. C'est le patron de Lambert. La fonction majeure de la dame, mêlant les deux semences, est bien, je l'ai dit, de consolider l'entente entre la maison dont elle sort et celle où, le jour des noces, on l'a conduite.

Les deux petits princes participaient à beaucoup d'autres combats. Chacun d'entre eux, dans son propre territoire, s'efforçait de mâter ces trublions que Lambert nomme les « vavasseurs », les plus puissants de leurs sujets, leurs parents plus ou moins proches. Bien pourvus de terres, bien pourvus d'esclaves, tenant sous leur coupe une ou deux dizaines de familles paysannes, parfois assez riches pour fonder eux aussi des monastères et des chapitres de chanoines, bref les égaux du comte et du sire, ces guerriers indociles exigeaient d'être traités en conséquence. Sourcilleux, ils se révoltaient sans cesse. Ils rêvaient surtout d'élever un jour un donjon, comme leur cousin, le fondateur du château d'Ardres, de créer leur propre seigneurie. De temps à autre, on voyait tel ou tel de ces hobereaux ordonner à ses corvéables de prendre leur pioche, de remuer de la terre et d'élever l'un de ces retranchements que l'on aperçoit dans le récit de Lambert parsemant la campagne, abandonnés, car Guînes et Ardres avaient tué dans l'œuf ces entreprises concurrentes, non sans peine et rudement. Le souvenir demeurait de ces vassaux rebelles que les comtes des anciens temps avaient décapités, dont ils avaient tranché en riant les génitoires. À la fin du XIIe siècle, ces « grands » de seconde zone restaient turbulents, dangereux. Le comte tentait de les tenir en offrant en mariage ses nièces à leurs garçons.

Tous les seigneurs d'Ardres sont en outre partis guerroyer au loin, outre-mer. En Angleterre et en Terre sainte. Dans la bande rameutée par Eustache de Boulogne, Arnoud Ier et ses deux fils à peine armés chevaliers accompagnèrent Guillaume le Conquérant en 1066, le servirent de longues années, grassement soldés. Ils reçurent en fief de beaux domaines dans les comtés de Bedford et de Cambridge et revinrent chez eux avec beaucoup d'argent, avec un ours aussi, don du roi, dont leurs sujets s'amusèrent. Arnoud II prit la croix en 1095 à l'appel du pape Urbain. Dans la troupe de Robert de Flandre, il prit part aux assauts victorieux à Antioche, à Jérusalem. Baudouin, son fils, fut de la seconde croisade, Arnoud, son arrière-petit-fils, se préparait pour la troisième. Les comtes eux, bougèrent moins. Seul l'un des frères de Manassé suivit les premiers croisés. Mais Manassé, dans sa jeunesse, son père tardant à mourir, avait un moment pris le large. Par-delà la Manche, il avait mis ses armes au service du fils du Conquérant, Guillaume le Roux. Il y gagna une épouse fortunée, Emma de Tancarville, la fille du chambrier d'Angleterre.

Enfin, tous les Guînes et tous les Ardres s'en allaient régulièrement cavalcader dans les tournois que les princes organisaient tout au long de l'année dans les provinces de France. Durant ces périodes de gratuité où, pour se divertir, on échangeait allégrement les horions, à l'affût de toute occasion de capturer des chevaux et de rançonner les vaincus, ils oubliaient la haine tenace qui les opposait. Les deux partis de cavaliers formaient alors une seule équipe, les Ardres servant les Guînes, les Guînes se montrant « gracieux » envers les Ardres. Ils s'« entr'honoraient ensemble de leur bon gré ». D'un bout à l'autre de son récit, Lambert évoque les tournois. C'est là, sur le vaste champ où, sous les yeux des connaisseurs, les chevaliers nouveaux faisaient montre de leur courage et de leur habileté cavalière que le prêtre d'Ardres présente l'un après l'autre les ancêtres des deux lignées, exhibant leurs vertus viriles, en premier lieu la *strenuitas,* la vaillance. C'est là que l'un après l'autre ils ont moissonné le butin, engrangé la gloire, avivé l'éclat d'une renommée, accumulé le capital symbolique dont Arnoud, leur descendant, tira profit. C'est là que l'héritier, en attendant de s'établir, c'est là que tous les jeunes condamnés au célibat par la politique des lignages venaient se défouler, libérer leur agressivité et nourrir leur espérance : au soir des combats, les plus valeureux n'allaient-ils pas recevoir une épouse ? Lambert entretient ce rêve parmi les « bacheliers » qui l'écoutent, leur donnant en exemple l'un des seigneurs d'Ardres, Arnoud II, le bisaïeul de son patron. Tout le jour il avait brillé devant le puissant sire d'Alost. Celui-ci, déjà touché par « le bruit de l'honneur et magnificence de sa chevalerie », l'accueillit sous sa tente avec ses équipiers à la fin du combat. On but longuement dans la nuit. Au matin, le vin cuvé, Arnoud reçut en présent l'une des sœurs de son hôte. L'histoire est belle. Elle est évidemment trompeuse. De minutieuses tractations entre les deux maisons avaient précédé le don, et le comte de Flandre, seigneur des Alost et des Ardres, avait bien sûr dit son mot. N'empêche que, telle

Guenièvre ou Phénice, spectatrices attentives, expertes en fait d'armes et sensibles, dames et demoiselles jugeaient de loin de la vigueur des mâles, et ceux-ci croyaient possible de gagner les faveurs des unes, la main des autres en portant beau parmi les périls de ces affrontements sauvages, de ces « foires », foires aux champions, foires aux femmes. Les autorités de l'Église les disaient « exécrables ». Lambert reprend le mot. Elles l'étaient parce que la chevalerie s'y abîmait, parce qu'on y mourait autant ou plus qu'à la guerre. L'un des lointains aïeux des comtes de Guînes passait pour avoir perdu la vie en Île-de-France dans l'une de ces rencontres furieuses. Les paysans, ses sujets, qu'il opprimait, s'en étaient, disait-on, fort réjouis. À son départ, ils avaient tous souhaité qu'il y crevât. Car les tournois étaient exécrés du peuple parce que, dépensant plus que les rançons ne leur rapportaient, les sires s'y ruinaient. Ils revenaient avides, empressés à lever des taxes. Arnoud de Guînes, qui durant onze ans, erra de tournoi en tournoi, suivi par tous les agités de la terre de Guînes, y perdit, outre ce que lui donnait son père, cette part de l'impôt levé en préparation de la troisième croisade qu'il avait reçue pour s'équiper.

Dans les années où Lambert composait son ouvrage, se battre comme il fallait, muni des équipements modernes, coûtait en effet de plus en plus cher et la guerre plus que jamais faisait rage. Les deux principautés avaient pris naissance sur une frontière. Frontière entre la terre ferme et les eaux mortes, frontière entre les dialectes, germanique et roman (le prêtre d'Ardres parle l'un et l'autre comme tout le monde sans doute dans la maison où il sert, mais les maîtres et leurs officiers affectent d'user surtout du roman, la langue des cours), frontière politique enfin, la terre de Guînes se trouvant coincée entre deux forts États, le comté de Flandre et le comté de Boulogne. Dans les années qui précédèrent la bataille de Bouvines, cette zone de fracture était entrée en très vive ébullition. À Bouvines, en 1214, le comte Arnoud, le héros du récit de Lambert, sera présent dans le camp du roi de France. Déjà vieux, plus vieux encore que Philippe Auguste. Mais entre 1194 et 1203, fidèle à la plus étroite des alliances, nouée par la parenté, par l'amitié, et qui s'était resserrée encore lorsque la seigneurie d'Ardres s'était fondue dans le comté, il se rangeait avec ses chevaliers sous la bannière du comte de Flandre, alors en conflit ouvert avec le roi. Celui-ci s'était emparé, au nom de sa femme, puis au nom de son fils, de l'Artois, de Saint-Omer et de l'hommage du comté de Guînes. Il les tenait solidement, car son ami Renaud de Dammartin était devenu, grâce à lui, comte de Boulogne. Mais il se heurtait au comte de Flandre et derrière lui au roi d'Angleterre. En 1194, quand Richard Cœur de Lion revint de captivité, les hostilités se rallumèrent. Elles ne cessèrent plus. Durant l'été 1197, Philippe Auguste s'avança jusqu'à Ypres, dévastant les terres adverses. Il dut reculer, et ce fut Arnoud de Guînes qui mena le siège de Saint-Omer, défendu par l'un de ses cousins, « son grand ami ». Du haut de la tour de bois qu'il avait fait bâtir, plus élevée que les murs de la ville, il accablait ceux-ci des boulets que lançaient ses ballistes. Il fit merveille. Reconnaissant, le comte de Flandre lui fit don d'une grosse somme en deniers sterlings, « puisant dans les jarres pleines d'or et d'argent que lui avait envoyées le roi d'Angleterre pour guerroyer le roi de France ». Arnoud employa aussitôt cette monnaie à rembourser ses dettes.

À la guerre donc, on pouvait gagner gros. Mais généralement on perdait. Combien coûtèrent au comte Baudouin, le père, la grosse tour ronde couverte de plomb, environnée de murs de pierres, ce Louvre en réduction qu'il fit élever à Guînes devant le péril, et d'autres fortifications encore, à Audruicq, à Sangate ? Il se ruina. Enfin, par l'un de ces retournements si fréquents au cours des luttes féodales, ce vieillard dut en 1203 remettre sa personne en caution au roi de France avec celle de deux de ses fils cadets, chevaliers. Arnoud lui-même, à bout de ressources, fut contraint de s'agenouiller les mains jointes devant Philippe Auguste et de se reconnaître son vassal. Le livre de Lambert fut écrit en plein danger, dans le fracas des armes. S'il est resté inachevé, n'est-ce pas sous le coup de ce brusque revers ? Qui veut se représenter avec justesse ce que fut l'existence des femmes en ce lieu et en ce temps doit faire état de la permanente proximité de la guerre et des tournois, ses simulacres, il doit situer non loin d'elles des dizaines d'hommes violents, caracolant, fourbissant leur cuirasse, fleurant la sueur, le cuir et le pissat de ces chevaux dont ils prenaient soin plus que d'elles, les imaginer au plus fort des alertes enfermées, inquiètes, dans la forteresse, astreintes parfois à gérer seules une défaite, à s'en aller quêter alentour les deniers d'une rançon, et blâmées, comme le fut l'épouse de Sulpice II d'Amboise, pour n'avoir su négocier habilement la délivrance d'un époux captif. Et le pouvoir vrai de la dame se mesure mal si l'on oublie que le mari chevauchait ailleurs la plus grande partie du temps, hors de portée. Qu'elles vivaient alors plus libres, certes, mais lourdement responsables et, comme on disait, « désolées », seules, sans guide, livrées à leurs naturelles faiblesses.

*

Lorsqu'il considère le monde qui l'entoure, Lambert au premier coup d'œil voit des maisonnées, des rapports de familiarité noués entre un chef et des commensaux, des gens qui partagent ses repas, entre lesquels il distribue tout ce que la seigneurie rapporte. C'est son devoir : il prend d'une main, il donne de l'autre. Non seulement son prestige mais sa force réelle dépendent de sa largesse. Les pingres sont de mauvais seigneurs et qui parfois, victimes de leur ladrerie, périssent de mâle mort, comme Arnoud III d'Ardres, égorgé par ses gens qu'il nourrissait pauvrement. Lambert voit la population du pays tout entier formant comme une vaste maison, organisée sur le modèle de la maison d'Ardres où, parmi les garçons de tous âges que le patron se flattait d'entretenir à ses côtés et dont il s'appliquait à se faire aimer, il avait vécu « depuis son enfance jusqu'à l'âge viril ».

Cette demeure était ancienne. Un siècle auparavant, l'arrière-grand-père de son patron Arnoud l'avait fait construire sur la motte par un charpentier – elle était en bois –, un artisan très habile dont on retenait le nom, Louis, un nom de roi. Cette bâtisse qui, par la complexité de ses aménagements intérieurs, passait pour un chef-d'œuvre d'architecture et faisait la fierté de la maisonnée, se trouvait divisée en deux parts, l'une d'elles spécialement réservée aux femmes. Cette société veillait, en effet, à séparer strictement le féminin du masculin, assignant à chacun son lieu, souci dont témoigne aussi la décision que prit vers 1195 le comte de Guînes de répartir entre deux léproseries les malades de l'un et l'autre sexe. Dans cette maison, donc, l'étage principal était partagé. D'un côté, le quartier des hommes, l'aire largement ouverte de la convivialité, la salle où le seigneur accueillait ses hôtes, siégeant en majesté, mangeant et donnant à manger, où ses compagnons et ses serviteurs s'allongeaient le soir pour dormir. De l'autre, le quartier des femmes, celui-ci renfermé, s'ordonnant autour de la « grand chambre », autour d'un lit, celui « où couchent ensemble le maître et la dame », cette « part secrète » flanquée d'un réduit pour les chambrières, du dortoir des petits enfants et d'une couveuse pour les bébés à la mamelle, enfin, surplombant à l'étage haut cette sorte de coquille matricielle aménagée pour la procréation licite et l'élevage attentif des rejetons du couple seigneurial, le local où, le soir venu, les demoiselles, filles du sire, de ses chevaliers et de ses prêtres, « se trouvaient comme il se doit bouclées ». Ainsi se présentait le gynécée. En principe, les femmes n'en franchissaient les bornes pour se rendre à la chapelle, dans la *loggia* où l'on parlait ensemble, ou dans la salle, les grands jours, pour s'y pavaner dans l'éclat de leurs atours qu'avec la permission du seigneur.

En fait, les cloisons étaient loin d'être étanches. La plupart des femmes, nombreuses, qui vivaient dans la maison échappaient difficilement aux convoitises masculines. De toute évidence, la « grand chambre » n'était pas le seul lieu d'accouplement, ni la dame la seule femme qui accouchât dans la demeure. Lambert ne fait nulle allusion aux simples servantes dont se divertissait le commun de la domesticité, mais il évoque quelques-unes des femmes que les maîtres des deux maisons entouraient de leurs attentions particulières. Il en a connu plusieurs : Helwide et une autre « pucelle d'Ardres », qui donnèrent chacune un fils bâtard au sire Arnoud III ; Adèle, fille du chanoine Raoul, que Baudouin, frère et successeur d'Arnoud, dépucela avant de partir en croisade ; Nathalie, fille du chanoine Robert, dont le même Baudouin engendra un fils ; et cette Marguerite « la très fameuse », mère de deux garçons au moins, l'un issu d'un frère du comte Baudouin, l'autre d'un chanoine de Thérouanne. Lambert ne nomme que ces femmes : il avait été dans sa jeunesse le camarade de leurs fils. C'est assez pour faire apparaître que, dans le château d'Ardres – comme dans celui de Guînes : le comte Baudouin II laissait à sa mort dix enfants légitimes, mais, selon la chronique d'Ardres, vingt-trois autres, qui ne l'étaient pas, le pleurèrent aussi à ses funérailles –, le maître vivait environné de concubines comme deux siècles plus tôt les ducs de Normandie. Notons cependant deux différences. Les bâtards nés de ces amours ne prétendaient pas lui succéder : Arnoud et Baudouin d'Ardres moururent sans descendance légitime, aucun des garçons qu'ils avaient semés autour d'eux ne disputa l'héritage à la fille de leur sœur. D'autre part, si le comte Baudouin qui surveilla de près le travail de Lambert, aimait entendre dire que « depuis les premiers mouvements de l'adolescence jusqu'à l'âge sénile, la turbulence mal tempérée de ses reins le remplissait d'un impatient besoin de copuler », il tint à ce que l'on crût que ni lui-même ni ses ancêtres n'avaient poursuivi les petites vierges, les fillettes, *juvenculae puellulae,* tant qu'ils avaient disposé dans leur lit d'une épouse, qu'ils ne s'autorisaient ces écarts que dans l'instabilité de la jeunesse ou dans la solitude du veuvage. En effet, dans une maison bien ordonnée, il était convenu que la dame suffisait à éteindre les feux du patron. C'était l'une de ses tâches. Docile, le curé d'Ardres s'efforce de convaincre ceux qui l'écoutent que tout se passait bien ainsi.

La partition entre hommes et femmes, entre le public pour ceux-là, le privé pour celles-ci, va de soi. Sur elle tout l'ordre social est bâti. Lambert en distingue une autre, à ses yeux évidente et nécessaire. Il sait que dans les cuisines du château, deux sortes de mets sont préparés, les « très délicats » pour les maîtres, les « quotidiens » pour les serviteurs. Naguère, il a vu le grand-père maternel de son héros Arnoud entouré en permanence dans sa maison d'Ardres par au moins dix chevaliers « familiers », par un chapelain et quelques clercs, il l'a vu servi par une domesticité, certes « des plus honorables », entretenue « en toute libéralité et magnifique suffisance », toutefois séparée par un profond fossé de la compagnie des hommes de guerre et des hommes de prière. Deux classes au sein de la maisonnée. Deux classes hors de la demeure seigneuriale : la même ligne de partage passe entre « maîtres » et « sujets », entre nobles et non-nobles, entre libres et serfs. Elle passe aussi parmi les femmes, isolant celles du peuple de l'épouse, des filles, des sœurs, des cousines, des bâtardes du seigneur, de ses chevaliers, des prêtres qui l'entourent. Dames et demoiselles vont à égalité avec les chanoines, avec les « pairs du château » – ils sont douze à Ardres, douze à Guînes, comme autour du comte de Flandre, comme à la cour du roi de France – comme les chevaliers de la Table Ronde, comme les disciples du Christ –, avec les « vavasseurs » et les autres hommes de guerre. Prêtre, Lambert a sa place du bon côté. Il est très proche de la parenté du maître. Il a marié l'une de ses filles au fils légitime d'un bâtard du grand-oncle d'Arnoud son seigneur. Le sang des « grands d'Ardres » coule déjà dans les veines de son petit-fils nommé Baudouin comme le comte. Lui-même n'est pas du lignage, et c'est pourquoi, dans son récit, il feint de laisser la parole à mieux qualifié que lui, au fils bâtard d'un autre grand-oncle d'Arnoud qui tenait en mémoire les exploits des aïeux et, livre vivant, les racontait sur demande avant qu'ils ne fussent écrits. N'empêche que son témoignage est de toute première valeur. Il a vécu tout près de la plupart des dames qu'il fait revivre. Il les a vues comme les voyaient les « maîtres », les « nobles », les « libres », ses compagnons de table, et l'image qu'il en donne ne diffère pas de celle que ceux-ci s'en formaient.

II

Le témoin

Cette image, le prêtre d'Ardres l'a très soigneusement polie, mettant en œuvre tous les raffinements de sa culture. Il porte un titre, « maître », et n'en est pas peu fier. De fait, il a été très bien formé aux « arts libéraux », sa manière d'écrire, sophistiquée, en témoigne, son goût de l'étymologie, les citations de Lucain, d'Horace, de Stace qui viennent naturellement sous sa plume. Dans le prologue, il rend hommage en premier lieu à Priscien, c'est-à-dire à la grammaire, à l'art d'écrire le bon latin, puis aux classiques, Ovide d'abord, mais aussi Virgile, l'*Énéide* qu'il dit « divine ». Il va jusqu'à nommer Homère, Pindare. A-t-il acquis tout ce savoir à Thérouanne, près de l'évêque ? Plus probablement à Saint-Omer, en raison des liens unissant à la collégiale le maître de la maison où il fut élevé et l'église paroissiale où il célèbre l'office, succédant peut-être à son père, précédant sûrement l'un de ses deux fils prêtres comme lui – il est marié, en effet, ce qui ne paraît choquer personne plus d'un siècle après que s'est inauguré l'ardent combat mené par les prélats réformateurs pour contraindre tous les serviteurs de Dieu au célibat. Il a certainement travaillé dans la bibliothèque de l'abbaye de Saint-Bertin, consulté là les chroniques flamandes. Il se veut historien, prend pour modèle Eusèbe, Bède, Sigebert de Gembloux. C'est le parfait représentant de la bonne culture ecclésiastique.

De sucroît très ouvert sur l'autre culture, profane, orale, poétique. Ses allusions à *Gormond et Isembart,* à « André de Paris » (que je persiste à identifier à André le Chapelain) le montrent averti de ce qu'il y a de plus neuf en son temps dans la production littéraire courtoise. Son œuvre met en évidence ce fait de la fin du XIIe siècle, l'osmose entre la culture des clercs et celle de chevaliers, une fusion que favorisaient à la fois dans cette partie de l'Europe la vigueur persistante des traditions carolingiennes au sein des grands établissements religieux et le mécénat des princes. Philippe, comte de Flandre, protégeait Chrétien de Troyes, Baudouin de Hainaut faisait rechercher tous les textes romans concernant son ancêtre Charlemagne, et, comme l'a montré Gabrielle Spiegel, un semblable appétit de savoir, un même goût pour les ouvrages littéraires se répandaient dans des cours plus modestes comme celle des avoués de Béthune. Nombre de chefs de maisons nobles avaient à cœur à paraître aussi lettrés que les grands seigneurs. Ils attiraient chez eux des maîtres, capables de traduire du latin les auteurs que l'on commentait dans les écoles. Ils ordonnaient de transcrire les poèmes que récitaient les jongleurs. Ils aimaient lire.

En 1160, en 1170, l'un de ces amateurs, de ces mécènes n'était autre que le chef de la maison où s'achevait la jeunesse de Lambert, l'héritier du comte de Guînes qui, attendant la succession, vivait à Ardres dans la demeure de son épouse : Baudouin, le père d'Arnoud. De cet homme qui l'a éduqué, qu'il craint et qu'il flatte, Lambert vante les qualités intellectuelles et la culture. Peut-être les exagère-t-il. Il en dit ce que Baudouin souhaite d'entendre. Baudouin se targue d'être *illiteratus,* tout en se disant capable de raconter des *mirabilia,* des « choses merveilleuses », et de connaître les « lettres » sans les avoir jamais apprises. Parce qu'il a su écouter les gens d'Église qui, devant lui, durant les offices, lisaient la Bible (Lambert précise : les Livres Prophétiques, les Livres Historiques et les Évangiles). C'est par là, dans la chapelle, que débute l'initiation des chevaliers à la science sacrée, par la participation à la liturgie. Écouter, mais retenir. *Auditor,* Baudouin se dit en outre *conservator.* Il sait emmagasiner. Par la mémoire, qu'aiguisent les exigences d'une culture orale, il est devenu « quasi lettré ».

Il peut alors parler à son tour, soutenir le dialogue avec les clercs, exposer devant eux en retour ce qui lui appartient en propre, ce qui relève du savoir des gens de guerre. Quoi ? Je cite la traduction du XVIe siècle : « les joyeusetés qu'il avait ouïes aux fables et histoires des poètes ». Échange par conséquent. Et discussion. Car Baudouin détient éminemment cette vertu si précieuse dans les milieux sociaux qui n'usent pas de l'écriture, l'*eloquentia,* la faconde. La fusion des deux cultures, chevaleresque et cléricale, orale et lettrée, s'opère au cours d'un débat, d'une *altercatio,* une joute de paroles. Il s'agit là d'un exercice communément pratiqué dans les écoles ecclésiastiques. On le voit ici transporté dans la demeure du seigneur d'Ardres. Elle accueille en effet des « doctes » avec qui le maître se plaît à discuter. Il leur demande aussi de répondre à ses générosités en écrivant pour lui des livres. En effet, « la science de tout, le comte Baudouin brûlait de l'embrasser » (*amplectare,* la « prendre dans ses bras » : chez ce trousseur de filles, la soif de connaître fait bon ménage avec l'appétit sexuel)... Mais évidemment, il ne pouvait retenir par cœur « la science de tout ». Un surplus de mémoire se conservait donc dans des livres.

Des livres, où le seigneur peut à tout moment puiser. Non pas directement, il ne sait pas lire et s'en vante. Par l'entremise de « lettrés » lisant devant lui le texte et le traduisant en langue romane, lui expliquant aussi, commentant, le guidant depuis le sens premier des mots vers leur « interprétation spirituelle ». Par ces hommes, par maître Alfred ou maître Geoffroy, par Simon de Boulogne, un homme du pays qui fut l'un des auteurs du *Roman d'Alexandre,* Baudouin connut, « apprit », comprit, outre les Évangiles du dimanche et les sermons correspondants, le Cantique des cantiques, le « livre de saint Antoine », ainsi que des ouvrages traitant de la nature des choses, des curiosités de la Création. Cependant, c'était un laïc à qui le comte avait confié la garde de sa bibliothèque, un homme qui savait lire, mais le roman seulement, et ceci prouve que certains des livres étaient écrits dans le langage des cours. Lecture et commentaire avaient lieu dans la salle, « publiquement ». Toute la famille, toute la domesticité en tiraient profit, y compris Lambert au temps de son adolescence, lorsque Baudouin pérorait dans la maison, égalant à la fois, dit son panégyriste, les meilleurs connaisseurs des auteurs latins et les jongleurs les plus fameux dans les trois genres de la littérature chevaleresque, les chansons de geste, les « aventures des nobles » et les « fabliaux des non-nobles ». De la même façon, les deux cultures se mêlent en la personne du prêtre d'Ardres. Il a appris le latin dans un cloître, mais il est marié, père de famille. Il sait ce qu'est une parenté. Il sait ce que sont les femmes. Ce qui rend pour moi son œuvre infiniment précieuse.

*

« J'aurais dû, dit-il dans les premières lignes, me consacrer entièrement à mon office sacerdotal, mais pressé par mon patron Arnoud, le jeune seigneur d'Ardres, je me suis lancé dans une difficile entreprise. » En vérité, la commande venait de plus haut, du comte Baudouin lui-même, le père. En 1194, celui-ci préparait les noces de son fils aîné. Lambert s'apprêtait à se rendre, accompagné de deux prêtres, ses garçons, dans la chambre du château d'Ardres pour y bénir le lit nuptial. Baudouin ordonna de sonner d'abord les cloches en signe de liesse. Arnoud était excommunié : dans les débordements de ses chevauchées il avait abîmé un moulin appartenant à une veuve. On s'était arrangé avec l'évêque, avec l'archevêque, la sentence venait d'être levée, on pouvait célébrer les noces avec toute la pompe voulue. Lambert l'ignorait encore. Il prit le temps de vérifier avant de carillonner. Léger retard, deux heures au plus. La colère de Baudouin fut terrible. Injurié en plein milieu du bourg, devant son église, terrorisé, le curé d'Ardres en tomba de cheval, pâmé, puis, repentant, se précipita au galop à la poursuite du comte. Baudouin se calma, mais, dit Lambert,

« jamais depuis, sinon quand il avait besoin de moi pour ses affaires, il ne me montra aussi bon visage ni si joyeux qu'auparavant », et il ajoute : « Pour recouvrer son amour et sa grâce, j'ai entrepris de m'atteler à cet ouvrage. » Prenons l'anecdote pour ce qu'elle est, un témoignage d'allégeance à l'égard du vieux seigneur. Du moins établit-elle que le mariage de l'héritier fut l'occasion de composer le récit généalogique.

Mariage tardif, mariage attendu, mariage profitable. Arnoud entrait dans la trentaine. Treize ans après son adoubement, on en était encore à chercher pour lui une épouse digne du renom de sa maison et dont la valeur attesterait la force de la principauté. Manquant de peu l'héritière du comté de Boulogne, on s'était rabattu sur l'une des filles du comte de Saint-Pol, puis on avait trouvé mieux et rompu l'accord d'épousailles. Voici que, dans la chambre, dans le lit resté vide dix-sept ans depuis la mort de sa mère, une femme allait entrer, apportant une fort belle seigneurie, mitoyenne du comté, la châtellenie de Bourbourg. Il convenait de fêter cette réussite. Un nouveau maillon de la chaîne lignagère se forgeait. Pour l'illustration du nouveau marié, pour celle aussi « de son glorieux père et de la progéniture de l'un et de l'autre », un livre soigneusement, élégamment composé relaterait les hauts faits des ancêtres d'Arnoud, maternels et paternels, évoquerait ces morts, durablement, par des paroles écrites, fixées, les rendrait à la vie terrestre, dans leur gloire.

Lambert traita successivement les deux généalogies, commençant par celle des Guînes, dans le respect des hiérarchies : les comtes sont d'un rang plus élevé, le masculin surtout l'emporte sur le féminin et le lignage paternel prend le pas sur le maternel. Il conduisit l'histoire des comtes jusqu'au moment où son patron Arnoud en finit avec les randonnées rituelles des chevaliers nouveaux, cessa de tournoyer, où, de retour au bercail après une longue errance, ayant apaisé les ressentiments de son père, le fils prodigue « se conduisit en tout selon le vouloir de son dit père » et se tint prêt à accepter l'épouse choisie par ce dernier. Passant à l'autre dynastie, Lambert prit l'histoire des sires à ses origines et la mena jusqu'au mariage d'Arnoud. Huit ou neuf ans ont passé depuis qu'il s'est mis au travail. Parvenu à ce point final, il a continué d'écrire et rapporté quelques faits marquants advenus depuis les noces. Au centre de l'ouvrage, à la jonction des deux lignées, il a placé deux portraits d'hommes, celui de Baudouin (seize chapitres), celui de son fils (sept chapitres). Deux âges de la vie, deux comportements virils, l'un marqué par la sagesse, l'autre par l'impétuosité.

Pour ce qui est des seigneurs d'Ardres, Lambert en a vu quatre ou cinq de près. Il prie spécialement certains jours pour ceux qui sont morts. Il peut interroger dans la demeure de plus vieux que lui, se fiant à leur mémoire comme à la sienne, peu enclin, Roger Berger l'a noté, à pousser l'enquête orale à l'extérieur du groupe domestique. À propos des Guînes, il se sent moins à l'aise. Les origines du lignage sont beaucoup plus lointaines. Il doit, par conséquent, chercher dans les livres. Mais le gros de son information lui vient certainement du comte Baudouin dont nous savons qu'il aimait parler et n'avait pas la mémoire courte. Dans le souvenir ainsi rapporté, trois strates se superposent. La plus proche est épaisse d'une quarantaine d'années. Jusque vers 1160, à l'époque où le comte Baudouin épousa l'héritière d'Ardres et vint s'établir chez elle, Lambert voit clair et juste. C'est là que se situent cinq dates précises, qui toutes concernent les Ardres. Elles sont rares dans l'ouvrage : les règles de ce genre littéraire, l'*historia,* interdisaient d'en citer trop. Deux sont funéraires : 1169, mort du père de Baudouin, 1177, mort de sa femme. 1180 est celle de l'adoubement d'Arnoud. Les deux dernières concernent le patrimoine : vers 1176 on vit arriver dans le pays un vieillard à barbe blanche se disant le seigneur Baudouin disparu en Orient depuis vingt-huit ans, on trembla dans la maison, redoutant un moment qu'il ne réclamât l'héritage ; en 1198, le seigneur Arnoud, grâce aux générosités du comte de Flandre, put rembourser ses dettes. Plus avant dans le passé, la mémoire se fait moins sûre, assez ferme pourtant jusqu'au dernier tiers du XIe siècle, jusqu'à Arnoud Ier d'Ardres et Baudouin Ier de Guînes. Quelques jalons chronologiques : la fondation de la collégiale d'Ardres en 1069, du monastère d'Andres en 1084. Au-delà, c'est l'obscurité. Des noms, glanés dans les cartulaires ou sur des épitaphes. Une date, 928, on ne sait d'où Lambert la sort, celle du retour dans la terre de ses pères du fondateur de la dynastie comtale. En ce point débute l'histoire.

Trois fonctions lui sont assignées. La première est morale. Elle montrera aux descendants les vertus et les défauts de leurs aïeux, leur enseignant que les jeunes doivent s'incliner devant les vieux, que tout seigneur ne mérite les prérogatives dont il jouit que s'il est chevalier vaillant, généreux, vassal fidèle. Cette leçon est tout entière adressée aux mâles, et les modèles sont tous masculins. La seconde fonction est défensive. Lambert écrit, à travers celle des deux lignées, l'histoire d'un pays, d'une nation, toute petite, « angustissime », menacée. Ce livre est capable de la protéger. En effet, un objet de ce genre, un cahier de feuilles de parchemins couvert de signes que seuls des initiés peuvent déchiffrer et qu'ils transposent en une suite de paroles solennellement proférées apparaît encore à cette époque doté d'une incontestable puissance tutélaire. Le récit de Lambert en fournit une preuve. Lorsque Baudouin de Guînes fonda le monastère nécropole, il y fit transporter des ossements récemment découverts qu'il conservait dans la chapelle de son château. C'étaient, disait-on, les reliques de sainte Rotrude. Celle-ci devint la patronne et la protectrice de l'abbaye d'Andres. Pour donner plus de présence à ce personnage invisible, les moines placèrent près du reliquaire un livre contenant le récit de sa vie. On le lisait chaque année au réfectoire, « au dîner, le jour de la solennité de ladite vierge, à l'audience de ceux qui étaient à table ». Tout ce que possédait la communauté appartenait à Dieu d'abord, puis à Rotrude. Ce fut donc à elle en personne que s'attaqua un jour un seigneur d'alentour qui contestait le droit des moines. Pour anéantir son pouvoir, il entreprit de brûler à la fois les reliques et le livre. Les reliques furent miraculeusement sauvées et, le calme revenu, exposées ostensiblement aux yeux du peuple. Le livre, lui, brûla. Les religieux s'empressèrent de le récrire. C'était un bouclier contre d'éventuelles agressions. Le manuscrit de l'*Histoire* tient le même rôle. Il convoque les aïeux qui ont tenu légitimement le patrimoine et qui sont là, dans l'ombre, menaçant quiconque tenterait de dépouiller leurs héritiers. Ce mémorial enfin exalte la noblesse des deux lignées. Pour cela, il lui faut situer dans le plus lointain passé leur fondateur. Ce que Lambert s'est efforcé de faire. Or remonter aux origines, c'était inévitablement tomber sur une femme. De fait, une figure féminine se tient à l'orée de la branche maternelle ; son rôle est actif. Une autre à l'orée de la branche paternelle, celle-là passive.

III

Les déesses mères

Lambert n'eut pas beaucoup de peine à dresser d'un bout à l'autre la généalogie des seigneurs d'Ardres. Elle était courte. Il n'y avait guère plus d'un siècle, Arnoud, le constructeur de la motte, vivait encore, Lambert dans son enfance avait côtoyé ses petits-fils et nombre de gens âgés qui gardaient claire mémoire de l'ancêtre. Mais cet Arnoud, d'où sortait-il ? Une rumeur courait, qui désobligeait la famille. On racontait que son père, un certain Herred, surnommé Cangroc, ce qui en flamand signifie qu'il portait sa veste à l'envers, était un travailleur, un rustre, avare de surcroît : pour épargner sa seule tunique, il la retournait lorsqu'il allait pousser sa charrue. Bref, un vilain. C'est faux, dit Lambert. Herred était de très bon sang. En outre, et surtout, il n'était pas le père d'Arnoud Ier, mais le mari de sa mère. De cette femme, Adèle, dont il forge peut-être le nom, le curé d'Ardres fait délibérément la souche, et très glorieuse, de la dynastie.

À quelque distance du château, à Selnesse, entre le bois et le marécage « on trouve aujourd'hui, écrit-il, des restes des païens, des tuiles rouges, des tessons de vases de même couleur, des morceaux de petits vases en verre. C'est un lieu où maintenant, quand on laboure, on tombe sur une piste, ou plutôt sur une voie dure et pavée de pierres, une chaussée menant des marais au bois ». Et dans le bois lui-même « au plus épais se trouvent de grandes pierres disposées en forme d'autel, conjointes sans ciment, et sur cet autel de très vieilles figures et images de saints ». Des fouilles récemment reprises montrent là, sur l'emplacement d'une station gauloise, les vestiges d'un habitat d'époque romaine, un *vicus* qui fut florissant au IIe siècle. Lambert présente la mère d'Arnoud comme l'héritière des maîtres de ce lieu, très riches, on le voit à l'ampleur des ruines de leur résidence. C'est, dit-il, la descendante de ces seigneurs païens qui, en des temps très anciens, s'étaient convertis au christianisme. Par une femme, par cette femme, le lignage plonge ainsi ses racines dans le terroir jusqu'au fin fond des âges. Il peut se prétendre noble autant sinon plus que les plus nobles lignages du pays. Adèle, d'autre part, était une forte femme, qui sut mener librement, courageusement sa vie. Abandonnée par sa parenté, elle vivait seule, « sans un homme pour la protéger et la réjouir ». Le comte Eustache de Guînes, son cousin, l'importunait « plus qu'il n'était décent et honnête et plus qu'il n'était juste » : il voulait à toute force la donner à l'un de ses fidèles. Elle ne disait pas non, faisait traîner les choses. « Très sage », elle décida de remettre tout son avoir entre les mains de l'évêque de Thérouanne, son oncle, « sans avoir regard à sang ni à lignage ». Entendons que, transgressant toute règle, elle déshéritait les hommes de sa famille, ce que, au temps de Lambert, les femmes ne pouvaient évidemment faire, même pour racheter leurs péchés par une aumône. Puis, comme beaucoup de possesseurs à la fin du XIIe siècle, époque où la terre se féodalisait, elle aurait repris ses biens en fief du prélat. Dès lors, il fallait que ce fief fût servi, défendu contre les visées du comte de Guînes. Donc une main masculine. Adèle fut donnée par son seigneur, l'oncle évêque, à un « chevalier fort et vaillant », Herred. Veuve, elle eût souhaité demeurer dans cet état. « Par le conseil de l'évêque et de ses autres amis », elle dut épouser un guerrier, lui aussi de bon sang. De sa semence, elle conçut la nuit même de ces secondes noces Arnoud par qui commence l'histoire de la dynastie. Tout ce que posséda ce fils, le territoire où s'érigea le château, tout ce qu'ont possédé après lui ses descendants jusqu'à cet autre Arnoud pour qui écrit Lambert, tout, les biens, l'honneur, la puissance et la gloire, tout cela vient d'une femme, du sang, de la ténacité, de l'audace de cette femme.

Pour satisfaire son redoutable maître, le comte Baudouin, pour pousser jusqu'aux origines de la dynastie comtale, Lambert dut plonger dans la nuit des temps, traverser un demi-millénaire. Dans ces lointains vertigineux le fabuleux pullule et le curé d'Ardres l'accueille sans s'émouvoir. Ainsi, moins critique que son contemporain Guillaume de Tyr, à qui « l'assertion paraît fausse », il reprend au passage une légende, celle de Lohengrin, qui s'était formée cent ans plus tôt dans le souvenir de Godefroi de Bouillon et de sa mère sainte Ide. Sans sourciller, il admet que le premier des comtes de Boulogne soit « venu du ciel conduit par un cygne, pas du tout fantastique, mais réel et divin ». Toutefois, à propos des Guînes, il prend soin de ne pas s'écarter du raisonnable. Il cherche des indices. Il a trouvé dans la bibliothèque de Saint-Bertin, dans de « petites pages très anciennes », le nom d'un homme, Galbert. Cet homme, au début du VIIe siècle, portait dans le Ponthieu le titre de comte. C'était un contemporain de saint Bertin, et Lambert l'imagine se faisant moine en même temps que son fils unique, que son frère et sa sœur. La terre de Guînes, seule part de leur patrimoine qu'ils n'avaient pas offerte au monastère, demeura ainsi « veuve », privée d'un maître qui la régît, comme une femme sans homme. « Sans héritier légitime, tenue pour rien », exposée en proie, elle fut alors usurpée et prise par les comtes de Flandre.

Mais deux siècles plus tard, au temps de l'un de ces comtes, Arnoud le Grand, Dieu prit en pitié « les seigneurs et le peuple de Guînes, et leur procura un héritier par droite et héréditaire possession ». C'était un homme du Nord, un Viking, Sigfrid. En 928 – aux alentours de cette date, on sait que Rollon emmena des bandes normandes piller le Ponthieu et ceci donne à penser que le récit de Lambert fut construit sur quelques données historiques – on vit arriver dans le pays ce jeune homme, « noble de corps et d'âme, preux, très fameux déjà ». Longtemps, il avait servi le roi de Danemark jusqu'à devenir en Dacie, dans cette terre lointaine, celle des exploits merveilleux et des épopées, le second après le roi. La renommée, mais aussi la lecture, dit Lambert, de généalogies écrites, lui avait appris qu'il était du sang de Galbert et que la terre de Guînes lui appartenait. Avec quelques camarades, il entreprit de s'en rendre maître. Dans ce but, il édifia le donjon de Guînes – jeune mâle aventureux, comme Arnoud Ier d'Ardres, comme tous les fondateurs de dynastie.

Toutefois, une figure de femme apparaît aux côtés de la sienne, et c'est de cette femme que la nouvelle maison tire le fort de sa gloire et de sa noblesse. Partant d'un nom, Sigfrid, le prêtre d'Ardres a construit un roman d'amour semblable à ceux que l'on aimait en son temps entendre déclamer dans les cours. « Estomaqué », gonflé de colère, Arnoud le

Grand s'apprêtait à expulser l'envahisseur. Il avait convoqué ses guerriers à Saint-Bertin. Pour les entraîner, il organisait là des tournois. Fougueux mais avisé, Sigfrid prit les devants. Il se présenta. Les amis qu'il comptait dans l'entourage du comte s'entremirent. Arnoud se calma. Le Danois lui parut aimable. Il l'accueillit dans son intimité. C'est ici, dans le plus privé de la maison, que le personnage féminin entre en scène. Elstrude, fille d'Arnoud, sœur de Baudouin, le nouveau comte, plut à Sigfrid. Il l'enjôla, la séduisit d'abord par des paroles, joua des mains, la prit enfin, sans violence, dans la discrétion, la féconda. La grossesse devenue visible, il se sauva. Coucher avec la sœur du maître sans l'assentiment de celui-ci était félonie, passible des pires châtiments. Sigfrid s'en fut « dans sa patrie », à Guînes. Il y mourut bientôt, « d'amour immodéré pour celle qu'il avait dû quitter ». Elstrude accoucha. Son frère accepta d'être le parrain du garçon. Conquis par ce beau filleul, il l'arma chevalier et l'institua comte de Guînes sur la terre de ses aïeux paternels. Pourquoi cette fable, ces étreintes clandestines, pourquoi la bâtardise et non pas ce qui, les documents l'attestent, se passait couramment dans la réalité des XIe et XIIe siècles, le bon vassal recevant en mariage légitime l'une des filles de son seigneur pour prix de ses loyaux services ? Lambert reprit ce que l'on se plaisait à dire dans l'entourage du comte Baudouin. Celui-ci n'était pas fâché d'entendre un historien confirmer que la semence dont il était porteur procédait d'un guerrier téméraire, animé de la *furor* nordique, plaisant aux femmes, capable non seulement de recouvrer l'héritage usurpé de ses ancêtres, mais encore, sinon de s'installer dans le lit de l'usurpateur, du moins de prendre pour en jouir l'une des femmes que celui-ci tenait sous sa coupe. Ravisseur par conséquent, mais à la mode du jour. Au XIIe siècle, plus de rapt, l'amour courtois, à la parisienne, et le héros du roman, nouveau Tristan, meurt à petit feu de détresse amoureuse. Cependant, Baudouin tenait aussi à ce qu'on le sût droit descendant des comtes de Flandre et, par eux, des Carolingiens. L'*Histoire* par conséquent, comme il est dit dans le préambule, part d'un Arnoud, le très fameux Arnoud le Grand, jusqu'à un autre, Arnoud, seigneur d'Ardres, bientôt comte de Guînes. Une femme, Elstrude, a transmis le sang du premier au second qui, portant le même nom que lui, est appelé à faire revivre ses éclatants mérites.

Or, Guînes, Ardres n'étaient pas les seules maisons qui plaçaient à la source de leurs plus hauts prestiges une figure féminine. Les comtes de Flandre, les comtes d'Anjou, les sires d'Amboise révéraient aussi le souvenir d'une aïeule fondatrice. Pour les Flamands, c'était Judith, la fille de Charles le Chauve, l'arrière-petite-fille de Charlemagne. Cette femme,

Baudouin Ier, grand-père d'Arnoud le Grand, homme nouveau lui-même dont nul ne savait nommer le père avant que des hommes d'étude dévoués au lignage comtal lui aient inventé, au cours du XIe siècle, une ascendance, ne l'avait pas séduite, il l'avait emportée de force dans sa demeure, avant d'obtenir qu'elle lui fût solennellement accordée en 862 pour épouse. Judith trône, souveraine, au centre du plus ancien écrit conservant la mémoire ancestrale des princes flamands, une sorte de poème liturgique que les chanoines de Compiègne, au milieu du Xe siècle, offrirent au comte Arnoud le Grand. Elle se tient à la jonction de deux généalogies, celle des « très nobles empereurs et rois des Francs » et le « saint lignage de monseigneur Arnoud, comte très glorieux, et de son fils Baudouin, que le Seigneur daigne protéger en ce monde ». Devant son nom, le scribe a placé une croix, puis une autre, lorsqu'il répète ce nom, Judith. C'est le seul personnage dans ce long texte, dont la présence dans le souvenir soit sacralisée par cet artifice d'écriture, la seule femme que l'on voie honorée d'une apologie célébrant cette aïeule pour sa « prudence », pour l'éclat de sa « beauté », et rappelant que le premier des comtes, Baudouin le « très fort », s'unit à elle « par conjonction matrimoniale », c'est-à-dire légalement. Tout s'ordonne autour d'elle par qui la race est devenue « sainte ».

Judith trône de nouveau, souveraine, au centre

des deux généalogies qu'un chanoine de Saint-Omer, Lambert, composa en 1120, quand le nouveau comte de Flandre, Charles, que l'on surnomma le Bon, vint tenir une cour solennelle dans la collégiale.

Dans la première, l'historien prend soin de prouver la légitimité du mariage de Judith. Justification nécessaire puisque maintenant la morale de la bonne conjugalité que l'Église s'était acharnée à faire admettre s'imposait. Lambert de Saint-Omer établit donc que Judith, veuve d'un premier mari, revint comme elle le devait dans la maison de son père, que Baudouin certes l'enleva, mais avec la complicité de son frère, ce qui retirait de sa brutalité à la capture : cette femme avait été à demi cédée par les mâles de sa parenté. Lambert rappelle que Baudouin et Judith furent d'abord excommuniés conformément aux préceptes canoniques punissant le rapt des veuves, mais qu'ils furent absous par le pape Nicolas Ier et que, sur la requête des légats pontificaux, Charles le Chauve enfin donna son consentement et permit que sa fille fût unie « selon la loi du mariage ».

Sur le folio suivant du *Liber Floridus,* le florilège où sont réunis des écrits de toutes sortes, pour la plupart historiques, une seconde généalogie est transcrite. Il s'agit cette fois d'un poème. Peut-être fut-il chanté, psalmodié lors des cérémonies où le comte s'exhibait dans toute sa puissance. En effet, les deux derniers vers célèbrent en lui « le fils de roi », le saluent comme depuis Charlemagne on saluait les nouveaux souverains. Cette suite de quarante vers est dominée par la même figure féminine. Comme un homme, comme le sont les comtes, Judith est nommée à deux reprises. Comme eux, elle tient le rôle actif dans l'engendrement du successeur. Il n'est pas dit, comme des autres comtesses, qu'elle reçut, passive, la semence de son époux. Il est dit qu'elle lui donna le fils qui reprendrait à son tour l'honneur. Donatrice. En fait, elle donnait beaucoup plus. Par elle, Charles le Bon pouvait remonter son ascendance jusqu'aux ancêtres des Carolingiens, et, par une autre femme, beaucoup plus haut, tout au long de la dynastie mérovingienne, jusqu'à « Priam, prince des Troyens, souche des nobles princes, les Francs et les Flamands ».

J'ai dit que le comte d'Anjou Fouque Réchin, récitant en 1096 sa propre généalogie, ne citait que des hommes, sa mère mise à part. À l'origine de sa lignée, il situait Enjeuger. Sa mémoire était bonne. L'érudition moderne confirme que cet homme fut le premier de sa race qui exerça au nom du roi des Francs le pouvoir de commander et de punir dans le comté d'Angers. Il devait cet « honneur » à sa vaillance. Comme Sigfrid, il incarnait l'aventure conquérante, les vertus viriles. Enjeuger, nul n'en doutait, s'était fait seul, par la vigueur de son bras, et nul n'imaginait qu'il ait dû quelque chose à une mère ou à une épouse. Pourtant, un demi-siècle plus tard, dans une généalogie des Angevins accolée à celle des sires d'Amboise, une femme est auprès d'Enjeuger, et le récit, développé plus tard par Jean de Marmoutier, montre le héros fondateur se haussant d'un seul coup par un exploit mirifique accompli en faveur de cette femme. C'était sa marraine, héritière d'un comte de Gâtinais. On l'accusait d'adultère et d'avoir étouffé son mari. Comme Adèle de Selnesse, les hommes de son sang l'avaient laissée seule, refusant de combattre pour elle en duel judiciaire le champion, formidable, de ses accusateurs. Se fiant à Dieu, Enjeuger, à peine sorti de l'adolescence, l'affronta et le vainquit. Le corps de cette femme ne fut pas le prix de sa bravoure : un filleul n'a pas le droit d'épouser sa marraine. Du moins gagna-t-il par décision royale tout ce qu'elle possédait, au détriment de ses parents, déshérités comme l'avaient été ceux d'Adèle. Ce fonds constitua la première assise de la dynastie angevine.

Les seigneurs d'Amboise, eux aussi, savaient devoir leurs richesses et leur renom à des aïeules. Lisois, un cadet, obligé de se caser lui-même, avait servi longtemps et vaillamment, au début du XIe siècle, Fouque Nerra, comte d'Anjou. Celui-ci vieillissait. Il voulait pourvoir son fils d'amis sûrs. Devant lui, devant tous ses guerriers réunis, il proclama : « Je veux voir par le conseil de mes barons et le tien ce que je peux donner à Lisois pour le grand service que j'ai reçu de lui. Car j'entends le retenir comme un fidèle pour ton profit et pour le mien. » Le prévôt de Loches, camarade de Lisois, conseilla de lui donner une fille. Elle détenait une partie d'Amboise. En ce lieu, la lignée s'enracina. Le chanoine qui écrit en 1155 le souvenir de la maisonnée est amoureux des anciens textes, curieux d'antiquité. Il s'évertue à remonter jusqu'aux origines du patrimoine. Il repère quelques indices, dispersés, incertains, il saute de l'un à l'autre et, mêlant l'érudition et l'imaginaire, il croit reconnaître que ce bien fut, au fil du temps, très souvent transmis par des femmes. Il a devant ses yeux, outre des livres, dont la vie de saint Martin, un paysage, le site d'une ville très ancienne. Il aperçoit dans Amboise, sur l'escarpement, les ruines d'un vaste monument. On l'appelle la « vieille Rome ». L'ombre de César y rôde. Et puis trois châteaux côte à côte. Il le sait, il l'a vu peut-être, trois hommes puissants résidaient là au début du XIIe siècle. Pour expliquer cette tripartition, l'historien s'enfonce à tâtons très avant dans le passé jusqu'au temps de l'empereur Maxime, jusqu'au comte de Tours Avicien, qui fortifia la place. Une femme, la fille d'Avicien, reçut Amboise en héritage, puis une autre femme, sa fille, Fausta, enfin une troisième femme, la fille de Fausta, « sage », « prudentissime », Lupa. Ce nom très romain, l'auteur le relie à deux toponymes. *Porta Lupa,* un vestige de la ville antique où Fausta aurait établi sa demeure, *Villa Lupa,* Villeloin, un village voisin, où elle aurait édifié une église, installé des moines, avant de se retirer, veuve, auprès de ce sanctuaire pour y mener, dévote de saint Martin, une vie solitaire. Après la mort de ses deux fils, ensevelis à Villeloin, la « dame d'Amboise » tint tête aux Goths. Très âgée, elle légua tous ses domaines à Clovis. Ici prend fin la première série d'héritières.

Les rois francs conservèrent Amboise jusqu'à Charles le Chauve, lequel partagea la ville entre ses fidèles. À l'un de ceux-ci, il donna deux des châteaux, et cette portion tomba finalement aux mains des comtes d'Anjou, par deux femmes encore, celles que deux d'entre eux, Enjeuger puis son fils Fouque le Roux, obtinrent successivement d'épouser. Une orpheline, Gersende, hérita l'autre tiers. Son oncle, Sulpice, gérait en son nom ce bien en attendant de la marier. C'est lui que Fouque Nerra sollicita – ou bien força – d'« accoupler en mariage à Lisois sa nièce en même temps que la tour de pierre d'Amboise qu'il avait construite de ses deniers ». Le mari s'y installa. Il s'agrégea totalement à la race de son épouse, d'abord en donnant à son fils, non pas son propre nom ni le nom de son père, mais celui de Sulpice, de l'homme qui avait cédé la troisième forteresse, puis en choisissant d'être enterré à Villeloin, aux côtés de Lupa la Louve, cette femme qu'on aperçoit, dans ce texte plein de fantasmes, postée aux portes de la nuit, vénérable, vénérée, sorte de déesse mère à l'orée de la saga familiale.

Comme Adèle. Comme Elstrude. Comme Judith. Comme la marraine anonyme d'Enjeuger. Toute dynastie procède en effet d'un accouplement. D'un homme, un guerrier vagabond venu d'un ailleurs improbable et qui s'affirme par des prouesses. D'une femme, celle-ci sédentaire, ancrée par ses aïeux, par ses aïeules surtout, sur une terre, solidement. L'homme prend la femme et la terre et s'applique à les faire fructifier l'une et l'autre. L'aïeule est certes moins présente que le héros cavalier dans la mémoire de ses descendants. Ils lui sont cependant, et ils ne l'oublient pas, tout autant redevables.

IV

Le couple

L'*Histoire des comtes de Guînes* nomme quantité de femmes, près d'une centaine. Dans les séquences généalogiques, les noms des filles du chef de maison sont à chaque génération soigneusement rangés après ceux des mâles et par ordre de primogéniture. Toutes ces femmes ou presque sont devenues des dames. Elles étaient mises au monde pour cela, pour être semées au loin, pour rendre présents de toutes parts, en la personne de leurs descendants, les morts, les Arnoud, les Baudouin, les ancêtres de la lignée. « Engendrées pour procréer des rejetons de bonne race », Lambert le dit clairement à propos des filles de Guillaume de Saint-Omer. Contraintes par conséquent de se plier aux décisions des hommes de la parenté chargés de mettre à profit judicieusement leurs facultés procréatrices. « Sujétion des filles qu'il faut louer par-dessus tout », répète un peu plus loin le curé d'Ardres à propos d'Agnès, l'une des petites-filles de ce Guillaume. Parce que son oncle maternel était devenu prince de Tibériade, parce que ses cousins avaient trouvé là-bas, outre-mer, un bon lignage où l'implanter « afin qu'elle prolonge dans la large étendue de ces terres lointaines la lignée d'ancêtres si fameux », elle était partie au bout du monde. À peine arrivée en Orient, « elle mourut sans avoir procréé *à son père* – oui, c'est pour lui qu'elle devait enfanter des fils, en contre-don, en échange de la vie qu'il lui avait donnée – une descendance célèbre et fastueuse ». Toutes les filles du patron cédées, même les bâtardes.

Quelques-unes, cependant, demeuraient sans époux et très attentivement gardées. Parfois dans leur propre demeure, telle l'une des grand-tantes d'Arnoud de Guînes qui, pucelle, le resta jusqu'à la fin de ses jours. Plus souvent placées dans un couvent, dans une de ces abbayes de femmes qui se sont multipliées au cours du XIIe siècle, installées par les seigneurs pour que leur épouse s'y retire et reste sage après leur mort. En 1102, le comte Manassé et sa femme fondèrent le monastère de Saint-Léonard ; ils firent venir de Lorraine pour le diriger une religieuse de la famille, du lignage de la mère du comte ; veuve, la comtesse vint y mourir ; le neveu et successeur de Manassé y casa deux de ses huit filles ; l'une après l'autre, elles en devinrent abbesses. Certaines de ces femmes attendaient là un mari. Ce fut le cas de Béatrice, la future épouse d'Arnoud. Jusqu'à son mariage, elle « apprit les bonnes mœurs et se forma aux arts libéraux » dans le « cloître de nonnes », voisin du château de Bourbourg que tenait son père. Une de ses tantes y était enterrée. Une autre y portait le titre d'abbesse. En fait, elle n'y commandait pas. Le vrai pouvoir appartenait à une troisième tante, la plus jeune, que sa parenté n'avait pu marier. Restée vierge, mais non consacrée, elle vivait dans sa maison, sur sa part d'héritage, de ses propres revenus, vertueuse. D'après son épitaphe, Lambert énumère ses qualités : sainteté de vie, sagesse, bonté, charité. Il insiste sur la puissance de cette femme : « Tout le couvent, tant religieuses que serviteurs, était institué, dirigé et maintenu par sa prudence. » On pense à Juette : un groupe de femmes sans hommes sous la férule d'une femme, laquelle tient également en main les hommes qui servent ces femmes et leur obéissent. Ici paraît dans sa plénitude le pouvoir dont une femme pouvait jouir dans la société de ce temps. Il s'exerce dans un espace clos, sacralisé, soustrait aux convoitises des mâles. C'est là que vont chercher refuge les filles que la conjugalité rebute. La chronique du monastère d'Andres révèle que l'aînée d'Arnoud de Guînes refusait le mari qu'on lui destinait, qu'elle s'enfuit furtivement en 1218 de la maison paternelle pour s'enfermer, sauvegardant sa virginité, dans l'abbaye de Bourbourg que sa grand-tante dirigeait et où sa mère plus tard choisit d'être ensevelie.

Vocation ? Appel de Dieu ? Attrait du modèle que proposait l'Église, promettant aux vierges trois fois plus de mérites qu'aux veuves et neuf fois plus qu'aux épouses ? N'est-ce pas plutôt que cette fille savait trop bien ce que sont les hommes ? Elle les avait vus s'enivrant les soirs de fête. Elle avait vu son grand-père gâteux troussant les fillettes. Avertie du sort que cette société réservait aux dames, elle ne voulait pas du mariage. Comme tant d'autres. Comme toutes ces filles que Juette abritait sous ses ailes dans la léproserie de Huy.

Si Lambert évoque presque autant de défuntes que de défunts, il ne fait guère que les nommer. Ce texte profus, écrit par un homme pour des hommes, est rempli à ras bord de gestes et de paroles d'hommes. Comme si les femmes restaient enserrées dans leur propre univers, dont on ne dit rien parce qu'il n'intéresse pas et qu'on n'en sait pas grand-chose. Des treize aïeules qui se succédèrent à la tête de la maison, neuf du côté de Guînes, quatre du côté d'Ardres, Lambert n'apprend à peu près rien. Chrétienne, la mère de son Arnoud, l'épouse du comte Baudouin II qu'il craignait tant, fait dans le récit trois apparitions fugitives, à propos de ses fiançailles, de ses maternités, de sa mort. Il n'est jamais question de ses vertus, de ses défauts. D'elle, le curé d'Ardres, qui l'a servie, communiée, administrée, rapporte moins que des concubines. En effet pour justifier les seigneurs d'avoir pris plaisir de celles-ci, il met l'accent sur leurs qualités : ça n'était pas des souillons, elles étaient nobles, elles n'avaient pas encore servi, enfin elles étaient toutes belles, claires de visage, de formes réjouissantes ; comment résister à la tentation ? À propos des épouses, point d'éloges. Sauf un, hyperbolique, celui de Béatrice, l'héritière de Bourbourg. Cette toute jeune femme serait une nouvelle Minerve, une nouvelle Hélène, une nouvelle Junon. Au premier rang, la valeur du sang et la virginité, puis les bonnes mœurs, enfin les attraits du corps, rien là que de banal. Seul trait original, et c'est la nouveauté en cette fin du XIIe siècle, Béatrice fut bien instruite à Bourbourg, elle est « lettrée ».

Pour une part, ce laconisme s'explique : les épouses des trois premiers comtes étaient mortes depuis plus d'un siècle, la maisonnée ne gardait en mémoire que leurs noms. Encore n'est-il pas sûr que ces noms, Mahaut, Roselle, Suzanne, Lambert ne les ait pas imaginés. D'autres n'avaient pas donné de progéniture ; leur mari, semble-t-il, ne les avait pas connues. L'une, Péronnelle, était toute jeune lorsque son époux, Arnoud III d'Ardres, fut assassiné. Lambert se souvient d'elle, du temps où il vivait, adolescent, dans la demeure seigneuriale. Il revoit nettement la jouvencelle, parée à ses yeux d'une éminente vertu, la *simplicitas,* alliée à la crainte de Dieu. Elle partageait son temps entre les offices religieux et les jeux d'enfants, les rondes avec les petites filles, « les poupées et autres passe-temps ». Souvent aussi, « en été – l'image remonte du fond de la mémoire, troublante – par simplesse d'être et légèreté de corps, elle se dévêtait jusqu'à la chemise, se plongeait dans le vivier, non pas tant pour se laver et se baigner, pour se rafraîchir et promener, nageant tantôt sur le dos, tantôt sur le ventre, tantôt sous l'eau, tantôt en surface, se montrant plus blanche que neige, ou bien, sèche, dans sa chemise très blanche, devant les filles, mais aussi bien devant les chevaliers, manifestant ainsi la bégninité de ses mœurs, gracieuse, aimable à son mari, aux gens de guerre, au peuple ». L'autre dame inféconde, Béatrice, petite-fille du comte Manassé, souffrait de maladies diverses. Elle dépérissait. Mais comme elle était la seule héritière directe du comté, son grand-père, malgré tout, du conseil de sa femme et avec l'accord de son gendre, l'avait donnée à un homme puissant capable de défendre ses droits. Ce mari, on l'avait trouvé en Angleterre dans l'entourage du roi Guillaume. Il ne s'encombra pas de la souffreteuse, la laissant dans sa famille jusqu'au temps où il pourrait en user. Mais il prit aussitôt les domaines anglais qu'elle tenait de sa grand-mère. À la mort de Manassé, il vint à Guînes revêtir la dignité comtale, vit là pour la première fois sa femme, repartit aussitôt car « il voyait bien que Béatrice, maladive, redoutait de s'acquitter envers lui de la dette conjugale ». Il céda la place à d'autres compétiteurs. L'un d'eux, Baudouin d'Ardres, parut au père de Béatrice plus utile qu'un gendre anglais. On expédia donc la mal mariée outre-Manche. Des prêtres et des chevaliers l'accompagnaient chargés de négocier le divorce. Elle fut ramenée, jetée dans les bras d'un nouvel époux. Trop tard : elle succomba avant qu'il ne l'ait ensemencée.

Le sort de la seigneurie avait dépendu de cette femme. La prenant pour épouse, un homme d'un autre sang avait mis la main sur le comté. En un demi-siècle, le cas se produisit à quatre reprises dans les deux lignées dont Lambert relate l'histoire. Quatre fois, l'« honneur » tomba en quenouille et échut à un gendre. Par cette Béatrice, par Adeline et sa fille Chrétienne, successivement héritières d'Ardres, par une autre Béatrice, de Bourbourg. On voit comme étroitement le sort des patrimoines se trouvait lié à la qualité du corps féminin, à la fécondité des dames. Ces quatre accidents se produisirent parce que trois épouses, Emma de Guînes, sa fille Rose et Adeline d'Ardres, n'avaient engendré que des filles. Par un hasard malheureux, non point par l'effet d'une restriction volontaire des naissances. Les dames de ce temps connaissaient fort bien les moyens de n'être pas constamment enceintes : après avoir donné trois enfants à son mari, la comtesse de Flandre décida d'en finir et, dit la chronique, mit en œuvre pour cela les « artifices des femmes ». Mais elles n'en usaient guère. La plupart d'entre elles se montrent singulièrement prolifiques. Chrétienne, l'épouse du comte Baudouin II, mit au monde dix enfants qui parvinrent à l'âge adulte. Les cinq derniers naquirent en huit ans, entre 1169 et 1177. Sa bru, Béatrice, lorsque Lambert cessa d'écrire, en avait déjà donné six en neuf ans à son époux Arnoud. Elle lui en livra ensuite six de plus. En un temps où, même dans les maisons nobles sévissait la mortalité infantile, où les accidents de la parturition n'étaient pas rares, une telle abondance, l'étroitesse des intervalles entre les naissances en disent long sur l'existence que menaient alors les dames. Comme Aliénor, elles allaient de grossesse en grossesse et leur mari qui, ne l'oublions pas, était souvent absent, tirait pleinement parti de leur pouvoir de procréation. On est tenté de penser qu'il en abusait. Trois des neuf épouses qui apparaissent avec quelque netteté dans l'*Histoire des comtes de Guînes et des seigneurs d'Ardres* moururent en couches. Une sur trois. Point de doute, l'amour des corps tenait franchement sa place dans le couple conjugal.

Du lien affectif, ce récit ne laisse à peu près rien percevoir. Il dit le lieu où cinq des comtesses furent enterrées. Une seule alla rejoindre son mari, Baudouin Ier, dans le monastère nécropole. Deux choisirent d'être ensevelies dans une abbaye de femmes,

Emma à Saint-Léonard, qu'elle avait fondée, Béatrice II dans le couvent familial de Bourbourg, auprès de ses tantes. Béatrice Ire s'en alla reposer auprès de sa mère à la Capelle-Sainte-Marie, Chrétienne aux côtés de la sienne dans l'église d'Ardres. C'est comme si, la mort venue, les deux sexes tendaient à se séparer, comme si les femmes restaient entre elles, les hommes entre eux, comme si après avoir partagé la couche de leur mari, les épouses préféraient attendre la résurrection à quelque distance de lui auprès d'autres épouses, dans une église où priaient des femmes. Le faible souci de prolonger dans la mort la proximité charnelle prouverait-il la tiédeur de cette dilection mutuelle que l'époux se sentait tenu d'afficher, de cette *concordia,* cet accord des cœurs que Baudouin II appelait de ses vœux, lorsqu'il bénissait dans le lit nuptial son fils aîné et sa bru ? Et que penser du comportement de ce même Baudouin ? Il chevauchait en Angleterre. Sa femme était sur le point d'accoucher. Il apprit qu'elle était souffrante, il se précipita, accompagné de deux médecins. Elle trépassa. Fou de chagrin, « ne se connaissant plus lui-même ni personne, ne distinguant plus le bien du mal, l'honnête du déshonnête », les médecins deux mois durant interdirent l'accès de sa chambre, sauf à quelques familiers capables de le soigner. Allait-il mourir de langueur, comme Sigfrid, son très lointain aïeul, séparé de sa mie ? Sans doute Lambert écrit-il sous l'œil du patron, sûr de lui plaire en évoquant ces démonstrations de violent amour conjugal. De quel droit, cependant, tiendrions-nous ce deuil pour affecté ? Pourquoi refuserions-nous de croire ce mari profondément meurtri ? Que les mariages fussent tous arrangés par les familles n'empêchaient pas quelques-uns d'entre eux au moins d'être bons, les conjoints de tirer jouissance de leur ardeur réciproque et une certaine tendresse de s'établir au sein du couple. Résignons-nous : l'historien de ces époques lointaines n'a nul moyen de sonder les reins et les cœurs. Un fait, du moins, ressort clairement de cette histoire familiale : si les pactes de fiançailles, engageant des filles très jeunes, pouvaient être rompus sans peine, le lien tenait solidement après les noces, après l'union des corps. Aucune des dames qui figurent dans ce livre ne fut répudiée. Certes, l'usage tendait à se perdre au XIIe siècle. Sans doute, Mathieu, fils du comte Thierry de Flandre, renvoya-t-il la femme que lui avait procurée son père : il ne parvenait pas à tirer d'elle des garçons. « Cette fille avait porté l'habit religieux depuis l'enfance, mais c'était la seule héritière du comté de Boulogne. Alors on la sortit du cloître avec l'assentiment du pape [autorisation nécessaire, Marie était vierge consacrée donc déjà mariée, épouse du Christ]. Elle fut conjointe à Mathieu par mariage pour donner des héritiers légitimes à l'héritage paternel [...]. Mais après avoir engendré deux filles, son mari la rendit au cloître » et prit une autre femme. Son frère aîné, le comte Philippe, n'agit point de la sorte. Son épouse était stérile. Il s'astreignit à la garder jusqu'à ce qu'elle mourût.

*

Dans l'esprit des hommes qui se remémoraient leurs aïeules à la fin du XIIe siècle, dans l'esprit de Lambert, des seigneurs qui lui avaient passé commande, dans l'esprit de ceux à qui ce livre était destiné, les dames étaient-elles en état d'exercer au sein du couple un pouvoir quelconque, et de quelle nature ? Les traits de deux silhouettes féminines, celle d'Emma, épouse du comte Manassé, celle de Gertrude, épouse d'Arnoud II d'Ardres sont assez nets pour m'autoriser à poser au moins cette question. Comme c'était généralement le cas, ces deux femmes étaient de meilleure naissance que les deux hommes qui, dans les aventures de leur jeunesse, par la démonstration de leur vaillance, et pour avoir servi assidûment le marieur, les avaient obtenues. Emma sortait d'une grande maison de Normandie, Tancarville, Gertrude d'une grande maison de Flandre, Alost. Gertrude avait des frères. Elle n'avait pas apporté de terres, mais sa dot en biens mobiliers, en serviteurs et en servantes, était considérable. Quant à Emma, elle avait été donnée par le roi d'Angleterre avec de beaux domaines dans le Kent. Leurs maris pour cela étaient portés à les bien traiter. Certes, ils ne tenaient pas d'elles toute leur richesse. Ils n'allaient pas, comme Arnoud Ier d'Ardres, qui, lui, devait sa fortune à sa seconde épouse, jusqu'à « leur montrer vénération en tout et partout, jusqu'à leur faire révérence et service, non seulement comme à leur femme, mais à leur dame ». Cependant, la haute qualité de leur sang et la puissance de leur parenté dotaient Emma et Gertrude d'un ascendant certain sur leurs conjoints et sur les hommes de la maison où elles étaient entrées.

Emma, je l'aperçois dans la demeure comtale par une charte de l'abbaye d'Andres datée de 1117. L'un des pairs du château de Guînes est là. Il reconnaît tenir en fief du comte un bien que les moines viennent d'acquérir de lui. Le comte, devant les témoins rassemblés, approuve solennellement la donation. Sa femme est à ses côtés. Ils sont tous deux, dit la charte, « assis sur leur lit ». Ainsi se montrent les époux, publiquement, installés sur le même siège, la *domina* au même rang que le *dominus* et semblant participer à l'autorité qu'il détient. Cette image en suggère une autre, celle que l'on commençait à sculpter à la fin du siècle aux porches des cathédrales d'Île-de-France, le Christ couronnant sa mère, l'associant à son pouvoir, eux aussi assis côte à côte. Toutefois, c'est sur leur lit que siègent le comte et la comtesse, ce qui ajoute à la valeur symbolique puisque, trône de la conjugalité, le lit est le lieu des accouplements, le lieu des accouchements et puisque toute la puissance consentie à la dame dérive de sa capacité d'enfanter. La même image du lit revient d'ailleurs sous la plume de Lambert. Pour lui, Manassé et Emma formaient une communauté d'égaux. Ils étaient associés, *consortes,* au matériel et au spirituel, partageant « le même lit et la même dévotion ». La chair, l'esprit. Le curé d'Ardres ajoute qu'il appartient à l'épouse d'« attiser » dans le cœur de l'époux « le foyer d'amour divin ». Étant entendu qu'elle doit aussi, cette fois dans le lit, enflammer cet autre foyer, d'amour charnel, où se forgent les beaux enfants.

Association étroite, union des corps et des âmes, la femme revêtue, « comtesse », « châtelaine », « dame », du titre de son époux, partageant ainsi sa gloire, nécessairement présente auprès de lui dans les parades du pouvoir, voilà ce qu'il était convenu de montrer, ce que la société donnait à voir de la condition des dames. Mais la réalité, sous ces apparences ? On l'entrevoit à travers une petite histoire morale. À l'époque, raconte Lambert, une taxe particulière pesait sur une partie du peuple soumis, sur les descendants d'anciens immigrants : chaque année, à date fixe, ils devaient déposer dans la maison du maître un denier, une petite pièce d'argent, et quatre, lors de leur mariage ou de leurs funérailles. C'était la redevance communément exigée des dépendants personnels, des hommes et des femmes « de corps », comme on disait, un signe, celui de leur servitude, de la « macule servile » qui les faisait mépriser de leurs voisins souvent plus pauvres qu'eux mais fiers de leur liberté. Il advint qu'un homme de condition, un « vavasseur », épousa une fille que chacun tenait pour libre. Le soir des noces, alors que la mariée s'approchait de la couche nuptiale, « à peine avait-elle touché les bois du lit » qu'elle vit entrer dans la chambre les agents du seigneur. Ils venaient réclamer les quatre deniers. Elle rougit, « à la fois de crainte et de pudeur ». Elle protesta, obtint de plaider dans la quinzaine – et l'on découvre ici le droit qu'avait maintenant la femme de comparaître en justice, non pas seule bien sûr, « accompagnée de parents et d'amis », mais défendant elle-même sa cause, « de vive voix ». Elle fut déboutée. Dernier recours, la dame de Guînes. Elle vint parler tête à tête à Emma, exposant le danger que couraient les femmes, menacées d'être à tout moment couvertes d'opprobre. Convaincue, la comtesse se tourna vers son homme. Un peu plus tard, la nuit venue, dans le retrait de la chambre. « Elle le prit dans ses bras. » « Amadoué », le comte, exauçant les prières de son épouse et de la mal jugée, décida d'abolir l'impôt infamant. La mémoire s'était conservée de cette victoire féminine. Une dame était intervenue dans les affaires publiques. Elle en avait infléchi le cours. Mais comment ? Dans le plus privé, usant de ses charmes intimes, par les embrassements, la tendresse. Par les attraits de son sexe.

De Gertrude, Lambert garde un mauvais souvenir. Elle dirigeait la maison d'Ardres lorsque, enfant, il y était éduqué. Peut-être a-t-il pâti de la « sévérité » qu'il lui attribue. Il n'était certainement pas le seul. Il ne l'eût pas si mal jugée, rapportant dans son livre que le peuple la vit porter en terre l'œil sec et poussant les lamentations rituelles « les lèvres à peine ouvertes », il ne l'eût pas montrée si arrogante, « se glorifiant de sa noblesse, cherchant à s'élever davantage encore par ses paroles hautaines », ni si cupide, « restée fameuse dans le pays pour son avarice », sans être assuré de satisfaire ses protecteurs. Pour prouver l'avidité de cette femme, il reprend une histoire qui courait dans la maison. La dame avait charge de gérer les biens familiaux. Avisée, elle ordonna, pour tirer meilleur parti des pâturages, de regrouper dans un même troupeau tous les bestiaux de la seigneurie. Les agents qu'elle envoya procéder à ce rassemblement s'en vinrent dans la cabane d'une pauvresse où sept enfants pleuraient de faim. Leur mère ricana : elle n'avait ni bœuf ni mouton ; plaisantant, elle leur proposa de prendre l'un des petits si la dame voulait bien « le mettre en pâture ». Gertrude, avertie, accepta. Elle choisit une fillette, l'« adopta à la place de l'agneau », et quand la pucelle devint nubile, elle l'« accoupla à un homme », en bon éleveur soucieux d'accroître le cheptel domestique. En effet, lorsqu'elle avait reçu l'enfant, elle s'était empressée de lui imposer la « marque de servitude » : dès lors toute la progéniture de la serve lui appartiendrait. Lambert se souvient ici d'une autre fille. C'était une de ces femmes, libres, que Gertrude le jour de ses noces avait amenée de Flandre, une jouvencelle, séduisante. Beaucoup d'hommes s'étaient amusés d'elle puis l'avaient rejetée. Elle en eut assez, exigea d'un dernier amant, un serviteur de la maison, qu'il la prît pour femme. L'homme refusait, la disant indigne de lui. Alors elle vint s'agenouiller devant la patronne, s'asservit elle-même par les gestes rituels, par la remise des mains, sûre que la dame l'aiderait lorsqu'elle serait devenue sa chose. Elle ne se trompait pas. Elle fut aussitôt accouplée comme une brebis, Gertrude forçant le valet à s'unir à elle, à devenir par là serf lui-même. De même qu'il appartenait au maître de répandre hors de la maison en les mariant ses filles et les filles de ses vassaux, de même il incombait à son épouse d'ordonner la sexualité parmi la domesticité, d'étendre celle-ci en prélevant dans les chaumières de petites servantes, en leur donnant un mari afin qu'elles engendrent de nouveaux dépendants. Pouvoir féminin, à l'intérieur de la demeure, pouvoir autonome, absolu, légitime. Lambert critique la « dureté » de Gertrude parce qu'elle réduisait à la condition servile les hommes qu'elle donnait à ses chambrières et tous les enfants issus de leur semence, et parce que dans les années où il écrivait le servage commençait d'apparaître comme le résidu d'une ancienne barbarie. Mais sans mettre aucunement en cause le pouvoir de la dame.

À propos de ce pouvoir apparaît la nécessité de distinguer entre la *res publica* et la *res familiaris,* entre le dedans et le dehors de la maison, le public et le privé. Conformément au modèle que proposaient déjà les prélats du IXᵉ siècle quand ils décrivaient les ordonnances parfaites du palais carolingien, la dame est responsable de l'« économie », elle a mission de maintenir en bon ordre la maisonnée. Lui sont soumis servantes et serviteurs, mais aussi ses filles, les filles et les sœurs des vassaux du patron dont elle est l'éducatrice et qu'elle conduit, plus ou moins rudement, à accepter l'époux qu'on a choisi pour elles. Ne faudrait-il pas en ce point faire place aux rites de l'amour courtois, ajouter les jeunes chevaliers dont son mari a dirigé l'apprentissage et qui projettent sur sa personne en même temps que leur désir le souvenir lointain des tendresses maternelles ? En tout cas, sur la part féminine de la société domestique, l'autorité de la dame égale celle des matrones qui gouvernent à l'écart du monde les communautés religieuses. Enfin, au plus profond de l'espace privé, celui « du lit et des dévotions », on peut penser qu'elle est l'« associée » du chef de maison. En revanche, pour ce qui est du dehors, du pouvoir public, il serait dangereux de se fier à ce que le cérémonial donne en spectacle. La coutume, en effet, refuse obstinément à la dame la capacité de partager avec son époux le droit de commander et de punir. Parce qu'elle est femme, parce qu'il paraît indécent, contraire aux intentions divines, qu'un bras de femme brandisse l'épée, parce que du pouvoir l'épée est le symbole, cette épée que l'on remet au fils du maître, solennellement, lorsqu'il parvient à l'âge de diriger une seigneurie, cette épée que l'on dresse nue devant le seigneur lorsqu'il juge, cette épée que dans la France du Nord, à la fin du XIIe siècle, on se mit à bénir, à déposer sur l'autel avant les gestes de l'adoubement, image concrète du pouvoir que Dieu délègue à ceux qu'il charge de faire régner dans ce monde par la force la paix et la justice.

Aux femmes il est interdit de faire couler le sang. Jeanne d'Arc fut condamnée aussi pour cela, pour avoir agi comme un homme, pour s'être, dirent ses juges, montrée « sanguinaire ». Lorsqu'une femme hérite de son père le pouvoir de commandement, il incombe à un homme, le mari à qui on l'a donnée, de manier l'épée en son nom, ou plutôt au nom des garçons qu'elle a mis ou qu'elle mettra au monde jusqu'au jour où ils seront capables de prendre le glaive en main. Sans doute importe-t-il que l'héritière se tienne aux côtés de cet homme dans le moment où il use de son droit afin de manifester où est la source de ce droit. Mais c'est lui qui en use, non pas elle. Sans doute aussi, ce que l'on sait du pouvoir d'Emma le suggère, la dame est-elle tenue dans la seigneurie pour la protectrice attitrée de la population féminine. Mais elle ne participe à la puissance publique qu'indirectement quand, par l'usage qu'elle fait de ses attraits, elle adoucit son mari, elle l'incline à se montrer moins brutal. Dans le manuel qu'il composa à l'usage des confesseurs, Thomas de Chobham recommande d'imposer cette pénitence aux dames : qu'elles interviennent sans cesse auprès de leur époux. Personne ne peut, dit-il, amollir mieux que sa compagne le cœur d'un homme. Où ? Comment ? Dans le lit, « par les étreintes et les caresses ». L'une des vertus des dames est la clémence, l'une des fonctions des dames est d'introduire un peu de mansuétude dans l'exercice de la puissance. Comme le fait Notre Dame auprès de son fils.

Telles semblent être les limites du pouvoir de l'épouse. Elles sont étroites. On peut toutefois supposer que le champ s'élargissait fréquemment en raison des absences du mari. Ce chevalier courait l'aventure aussi souvent, aussi longtemps qu'il se sentait valide. La dame avait alors les coudées franches. Tant qu'il était vivant elle n'allait pas jusqu'à conduire elle-même les guerriers, sinon pour organiser la défense du château assiégé. Du moins était-elle amenée à gérer les affaires courantes, apaiser les discordes, garantir les contrats. Parce que, durant la seconde croisade, le comte Thierry de Flandre se trouvait très loin, ce fut Sybille, son épouse, qui reçut l'hommage du nouveau sire d'Ardres. Le précédent, Baudouin, avait accompagné le comte. On venait d'apprendre sa mort au cours du voyage. Avant qu'on ne la sache et qu'un de ses beaux-frères soit désigné pour lui succéder, sa mère, la « rude », la « sévère », l'« arrogante » Gertrude d'Alost, n'a-t-elle pas pris en main un moment la seigneurie ?

V

Les veuves

Gertrude était veuve. Emma l'avait été. Ce sont, avec Péronnelle, les seules dames dans les deux lignées qui survécurent à leur seigneur. Pourtant les veuves abondaient dans la société chevaleresque. Beaucoup de femmes, certes, mouraient jeunes dans les difficultés de l'enfantement. Mais la mortalité n'était pas moindre parmi les hommes de guerre. Ils étaient décimés. Par la démesure, les excès de toutes sortes dans les outrances d'une vie violente, par les blessures reçues dans la véhémence des tournois, des batailles, par les fièvres lorsqu'ils s'aventuraient en Orient, et quelquefois par les coups d'un meurtrier. Je prends le cas du châtelain de Bourbourg, Henri, dont le père et le frère avaient été assassinés aux côtés du comte de Flandre. Lui-même engendra sept fils. Deux d'entre eux, casés dans l'Église, moururent de leur belle mort, mais des cinq qui furent chevaliers, aucun ne lui succéda : l'un, aveuglé dans un tournoi, ne put reprendre la seigneurie, les autres trépassèrent de divers accidents avant leur père. Et si beaucoup d'hommes rendaient l'âme les premiers, c'est aussi que, devenus veufs, ils avaient, tel le roi Louis VII de France, choisi pour nouvelle épouse un tendron, et que, présumant de leurs forces, ils avaient abusé du jeu d'amour. *Uxorius,* trop porté sur le sexe, averti pourtant par ses médecins, Raoul de Vermandois succomba dans les bras de sa femme Lorette. Celle-ci n'était pas sans expérience. Elle était passée, jeunette, du lit du comte de Louvain dans celui du comte de Limbourg, puis dans le lit d'Yvain d'Alost. Le vieux comte Henri de Namur la prit à son tour. On la savait féconde. Il la crut capable de lui donner un garçon. Déçu, il se lassa d'elle, la répudia, obtint en mariage une fillette, l'« eut pendant quatre ans sans jamais communiquer *(communicare)* avec elle au lit », la rendit à son père, puis la reprit, s'évertua, mourut, laissant une très jeune veuve. Voici comment tant de dames en ce temps finissaient leurs jours dans la liberté.

À vrai dire, quand elles étaient encore attirantes et leurs garçons mineurs, elles ne jouissaient pas longtemps de cette indépendance : leur lignage et celui du défunt s'entendaient pour les remarier et les remariaient sans peine. Les prétendants se les disputaient dans l'espoir souvent comblé de voir les enfants qu'elles avaient déjà disparaître avant leur majorité, ou bien de les évincer avec la complicité de leur mère au profit de ceux qu'ils engendraient d'elle. Du moins, les veuves trop défraîchies pour être recherchées, ou dont l'aîné des fils était en âge de succéder à son père, restaient-elles libres. Elles devaient quitter la maison, céder la place, le lit conjugal au nouveau seigneur. Elles se retiraient. Où ? Dans un monastère, comme Emma à Saint-Léonard ? C'était ce que souhaitait l'Église. Celle-ci classait les femmes comme les hommes en trois catégories hiérarchisées. Alors que, du côté masculin, la tripartition se référait à la fonction remplie dans la vie publique, soit prier, soit combattre, soit travailler pour nourrir les autres, du côté féminin, la référence était au degré de pureté sexuelle : virginité, veuvage, conjugalité. « La vie conjugale est bonne, reprend Lambert, mais la continence des veuves est meilleure. » Les veuves étaient appelées à renoncer à l'amour. Pour qu'elles fussent moins tentées de le faire, on les incitait à s'enfermer dans un cloître. En fait, nombre d'entre elles préféraient rester dans le siècle, jouir pleinement du pouvoir et, délivrées du joug marital, se donner du bon temps.

Ce fut le choix d'Ide II de Boulogne, veuve pour la seconde fois. Lambert la voit d'un mauvais œil. Arnoud, son héros, avait failli l'épouser et la famille se consolait mal de son échec. Il montre donc cette femme s'abandonnant « aux plaisirs du corps et aux délices du monde ». Désirée, désirable, moins peut-être pour ses attraits physiques que pour la fructueuse principauté dont elle était l'héritière, elle prenait plaisir à voir tourner autour d'elle des hommes sans femme. Elle jouait. À l'amour. « Vénérien » est-il précisé. Depuis plus de cinq ans, le jeune Arnoud paradait dans les tournois en quête d'un beau parti. Elle le trouva à son goût. Légère, comme le sont les femmes, elle s'employa à le séduire. Astucieux comme le sont les hommes, Arnoud se laissa faire. Il « gagna les bonnes grâces de la comtesse en faisant briller à ses yeux un amour, vrai ou simulé ». Ce qui l'intéressait, dit l'*Histoire,* c'était Boulogne, « la terre et la dignité comtales ». Ide, Arnoud échangeaient donc des messages, discrets, à la courtoise, attendant mieux. Mais un rival, Renaud de Dammartin, guettait la même proie. Ide papillonnait, ne se refusant ni à l'un ni à l'autre, penchait pour Renaud, mais savait bien que son oncle, le comte Philippe de Flandre, de qui dépendait son remariage, ne voulait pas du Français de France. Aussi s'affichait-elle « derechef touchée de l'étincelle d'amour dudit messire Arnoud de Guînes ». Ne se contentant plus de mots, de messages, ils se rencontraient ici et là, sur les marges des deux seigneuries, « dans des chambres et des lieux secrets ». Un accident, la mort subite à Ardres d'un de ses gens, donna prétexte à la comtesse d'aller rejoindre ouvertement l'amant dans sa propre demeure. Arnoud la reçut solennellement et, le serviteur enterré, lui offrit à dîner chez lui. Comme en prélude à des noces. Ils parlèrent beaucoup. La dame se retira. Arnoud « l'eût retenue si elle ne lui eût promis de revenir très vite ». Renaud veillait. Il l'enleva, plus qu'à demi consentante, l'emporta jusqu'en Lorraine, se l'adjugea. Perverse, feignant d'être prise de force, Ide fit savoir à l'héritier de Guînes qu'elle l'épouserait s'il venait la délivrer. Arnoud partit, fortement accompagné. Renaud le fit excommunier, saisir et incarcérer à Verdun.

Ide, apparemment, était encore plaisante. En tout cas, très vivace. Assagies, les veuves qui n'entraient pas en religion s'installaient tranquillement sur le douaire. Le douaire était la portion de ses biens et de ses droits que le mari cédait à l'épouse lors de la conclusion du pacte matrimonial. Quand la promise en valait la peine, les enchères montaient, et cette part était considérable. Arnoud de Gand, futur comte de Guînes donna tout ce qu'il possédait alors pour obtenir la fille, il est vrai de sang carolingien, du châtelain de Saint-Omer, et son petit-fils Arnoud, tout ce qu'il possédait aussi, la seigneurie d'Ardres, pour s'unir à l'héritière du château de Bourbourg. Bien sûr, son époux vivant, la dame n'avait qu'un droit virtuel sur ce bien. Veuve, et le restant, refusant un second mariage, elle entrait en possession du domaine et, dès lors, le gérait librement, comme un homme. Voici Mahaut, comtesse douairière de

Flandre, établie à Lille, dans sa propre maison. Elle veut imposer une taxe aux habitants de la terre de Bourbourg. Elle monte elle-même une expédition militaire. Arnoud de Guînes, son vassal, qui tient Bourbourg au nom de sa femme, s'avance en armes avec les chevaliers du château pour protéger son peuple. Il n'a pas à combattre et s'en réjouit, « car il n'avait jamais été rebelle ni désobéissant à sa dame, mais toujours avait pris peine et persévéré dans la fidélité et la loyauté qu'il lui devait ». Mahaut tourna bride. Il lui fit escorte. Elle avait agi en pleine maîtrise d'un pouvoir masculin.

Leur époux décédé, mûres, ces femmes ne siégeaient plus dans la chambre, sur le lit, elles régnaient dans la salle, et l'on s'accoutumait, à la fin du XIIe siècle, à voir les vassaux s'agenouiller devant elles les mains jointes, les plaideurs écouter leurs sentences. En effet, les institutions publiques se perfectionnant, le pouvoir d'État devenait peu à peu, dans les grandes principautés au moins, un principe abstrait. Qu'il passât dans des mains féminines n'apparaissait plus aussi scandaleux. S'approchait le temps des régentes. Et ces veuves se montraient d'autant plus fortes qu'elles pouvaient s'appuyer sur leurs garçons, sur l'affection très vive et chaude de ces fils qu'on leur avait arrachés dans leur prime enfance, sur celle des cadets surtout qu'elles préféraient souvent à l'aîné. Elles accédaient alors pleinement à la puissance consentie à la féminité. L'auteur de la *Geste des seigneurs d'Amboise* écrivit, quelques mois après son trépas, le déférent éloge d'Isabelle, la veuve du sire Hugues. Il la dit *« virago »,* femme forte, comme Emma, comme Gertrude. Il la dit « fortunée entre toutes les femmes », et les quatre mots latins qu'il choisit pour définir ce qui la combla expriment ce à quoi s'attachait au XIIe siècle la renommée des femmes. *Genere* (en premier lieu la race, la qualité du sang). *Forma* (oui, la beauté du corps qui tout de même compte chez une femme). *Viro* (comblée par le mari qu'on lui donna, puisque, en effet, c'est à l'homme qu'il appartient de mettre en valeur les dons de la féminité). *Liberis* (enfin et surtout gratifiée par la valeur des enfants qu'elle mit au monde). Le panégyriste ajoute une qualité, l'« audace ». Il la qualifie aussitôt : « virile ». C'est bien cette vertu qui fait la singularité d'Isabelle. Le prix de cette aïeule tient à ce qu'elle se conduisit comme un homme, refoulant en elle le féminin. En homme, « virilement », elle est partie reprendre la terre de ses ancêtres, seule, accompagnée de son second fils qui tenait l'épée pour elle. « Virilement », après vingt-cinq ans de mariage, lorsque son époux, en 1128, se sépara d'elle pour suivre le comte d'Anjou, son seigneur, et s'en alla mourir en Terre sainte, elle agrippa tout le pouvoir qui se trouvait à sa portée.

Luttant dès lors contre son fils aîné Sulpice. Avant

de partir, Hugues d'Amboise, dans la salle, devant ses hommes rassemblés, avait montré dans ce fils son seul héritier. Sulpice voulut donc tout garder de ce qu'avait possédé son père. Il ne lâchait pas le douaire. Isabelle l'attaqua. Il est frappant de voir le récit changer à ce moment de ton. Non plus admiratif, critique. L'auteur de la *Geste* est un homme. Comme tous les hommes, il est choqué de voir une femme s'accrocher si violemment à la puissance. Isabelle est « virile », on l'admire. Mais elle est femme. Il convient qu'elle reste à son rang. Saisie par la convoitise, l'âpre désir de jouir du pouvoir, Isabelle, à ses yeux, aux yeux de tous, cède à ce que son corps renferme encore de féminin, c'est-à-dire de perversité. « Avide », « enflammée de fureur », elle introduit le désordre, elle brise la paix.

La paix fut rétablie. Les gens d'Amboise pressèrent le fils de reprendre la vie commune avec sa mère. On s'approchait de l'Avent, temps de pénitence et de pardon. On s'entendit. La douairière rentra dans ses droits. Elle obtint une partie d'Amboise où elle s'établit dans sa propre maison, près de l'église Saint-Thomas. Quinze ans plus tard, la matrone reparaît dans le récit, en posture, cette fois, de mère très utile. Sulpice, pris lui-même par la démesure, s'était dressé, félon, contre l'un de ses seigneurs, il perdait pied. Isabelle alors, se substituant au père absent, lui tint le discours que tenaient tous les bons chefs de maison lorsqu'ils exhortaient leurs garçons turbulents à revenir au calme. Ces paroles, les voici, telles que les imagina le chanoine très savant qui composa l'histoire. « Pourquoi t'es-tu lancé dans cette guerre sans me consulter ? Parce que je suis décrépite, tu me crois gâteuse ? Rassure-toi, dans ma vieille peau, l'*animus,* la force d'âme, est vivace. Tu ne peux trouver meilleur conseil. Que peut-on comparer à l'*affectus* d'une mère ? » Le conseil, mais dicté par l'affection, par cette connivence intime qui lie bien plus étroitement que l'épouse au mari l'ancien nourrisson à la femme qui le porta dans son sein et l'allaita.

La nature des femmes les rend inaptes à l'exercice du pouvoir public. Pourtant, certaines parviennent à en saisir quelques bribes. Discrètement, en tablant justement sur les ressources de la féminité. En jouant tant qu'elles sont jeunes du désir que la vue, le toucher de leur corps attisent dans le corps des hommes, celui de leur époux, celui des chevaliers de la cour. En s'appuyant dans la vieillesse sur la révérence attendrie de leurs garçons.

*

S'ajoute une force plus ténébreuse. Pour les guerriers de ce temps, bardés de fer et de cuir et qui vivaient entre eux, les femmes qu'ils croisaient étaient des êtres étranges. Ils les supposaient reliées par de sensibles attaches aux puissances invisibles, capables d'attirer le mal – pour cela ils les redoutaient –, mais aussi le bien – pour cela ils les vénéraient. Ils attribuaient en effet au féminin un pouvoir secret, très précieux, le pouvoir d'intercéder en leur faveur auprès du Père, du juge. Un fait me retient. Dans les provinces de la chrétienté où j'ai mené l'enquête, les écrits évoquent quelques sorcières, mais peu. En revanche, ils révèlent que les figures de femmes occupaient un large territoire dans le champ de la dévotion, et ceci bien avant la fin du XIIe siècle, avant le moment où l'on voit poindre et se répandre rapidement des formes de spiritualité nouvelles spécifiquement féminines. Figure de la Mère de Dieu. Depuis les débuts du XIe siècle, la plupart des nouveaux lieux de prière lui sont consacrés, l'oratoire du château de Guînes par exemple, ou bien ce monastère d'hommes, la Capelle-Sainte-Marie, que fonda en 1091 Ide de Boulogne (non pas la veuve enflammée, volage, entrevue tout à l'heure, mais sa trisaïeule, la mère de Godefroi de Bouillon) qui déposa dans cette abbaye, enchâssés d'or et de pierres précieuses, onze cheveux de la Vierge acquis, disait-on, d'un roi d'Espagne. Et parmi les reliques dont Arnoud Ier garnit l'église d'Ardres, on révérait, enfermée dans une petite croix, une « infime portion » de ces mêmes cheveux et des vêtements de Marie. Figures de saintes aussi. Quand, dans les années quatre-vingt du XIe siècle, un paquet d'ossements fut découvert et porté au comte Baudouin Ier de Guînes, on reconnut en eux non pas les reliques d'un bienheureux, mais celles d'une bienheureuse, Rotrude, devenue protectrice de toute la campagne alentour. À Saint-Léonard, couvent de femmes, un livre composé avant 1193 contenait trois vies de saints, celle du patron, Léonard, et celles de deux femmes, Marie-Madeleine et Catherine. En l'honneur de cette même Catherine, l'épouse du comte Baudouin II obtint qu'il fît bâtir une chapelle et qu'il se procurât pour les y placer quelques gouttes d'une huile émanée du corps de la vierge et martyre.

Au XIIe siècle, l'Occident chrétien a fabriqué fort peu de saints et beaucoup moins encore de saintes. Or, aux lisières de la terre de Guînes, l'autorité ecclésiastique, cédant à la pression des fidèles, venait d'élever sur les autels deux dames du pays, Ide de Boulogne et Godelive de Ghistelle. La première parce que, mère excellente, elle avait engendré, abreuvé de son lait le héros qui libéra le Saint-Sépulcre, parce que, excellente veuve, « son époux mortel disparu, elle passait pour s'être unie sans prendre le voile à l'époux immortel par une vie de chasteté et de célibat », enfin parce que, généreuse, elle avait nourri les moines comme elle avait nourri ses fils et s'était évertuée à maintenir dans les voies de la vertu le troupeau de petites filles qu'elle abritait dans son giron. Quant à Godelive, on allait sur le lieu de ses malheurs réclamer ses suffrages et recueillir des pierres blanches qui guérissaient des fièvres parce que, martyre de la conjugalité, elle avait sacrifié sa pudeur à un méchant époux, supporté patiemment ses avanies et parce qu'elle était morte étranglée sur son ordre par ses serviteurs. De ces deux femmes, dont les traits de mœurs et de caractère, accentués par les « légendes », symbolisaient deux des faces, l'une florissante, l'autre pitoyable, de la condition des épouses, la sainteté était officiellement reconnue, mais on vénérait en privé, dans les familles, d'autres dames défuntes.

J'en ai repéré trois. Cette Anglaise d'abord, que le vicomte de Marck, bisaïeul d'Arnoud de Guînes, avait épousée, et dont les restes, inhumés au pied de la tour de l'église, opéraient des miracles. Des deux autres, un portrait est esquissé, à partir sans doute de leur épitaphe, dans ce très riche éloge des comtes de Flandre achevé à Saint-Bertin en 1163, qu'un imprimeur du XVIIe siècle intitula *Flandria Generosa*. Dans cet ouvrage, si les hommes sont célébrés pour leur vaillance et, l'âge venant, leur prudence et leur sagesse, la piété est l'affaire des femmes, plus spécialement des femmes vieillissantes qui se sont « volontairement soustraites aux souillures de la chair et lavées de leurs péchés par la pénitence », s'astreignant à la rude discipline de l'« ordre des veuves » où le décès de leur époux les a rangées. La première, Adèle, est cette fille de France que le roi Robert avait donnée au comte Baudouin V. « Privée de son mari mais non pas de richesses, elle ne vécut pourtant pas dans les délices au milieu de ces richesses. Celles-ci étaient mortes pour elle. Adèle passait ses nuits et ses jours en prière. » Elle s'en alla jusqu'à Rome afin que le pape l'introduise solennellement dans son *ordo,* la bénisse et la vête de l'habit des veuves : « Pendant le voyage, elle était restée enfermée comme dans une chambre, cloîtrée, recluse, sur une litière portée par deux chevaux, pour se protéger des vents et des pluies, mais surtout pour ne pas être distraite de la sainte méditation [...]. Elle revint mourir dans la paix du Christ » au monastère de Messines qu'elle avait fondé.

De la troisième de ces vénérables, Richilde, épouse de Baudouin VI, toute la région conservait le souvenir. Ambigu. Raconter son histoire fut l'occasion pour le moine de Saint-Bertin d'exprimer ce qu'il pensait des femmes. Il en pensait fort peu de bien. Il commence par montrer en Richilde l'exemple de cette malignité foncière. Tout au long de son existence, elle fut, dit-il, agent de discorde, laissant, mauvaise mère, dépouiller les enfants d'un premier lit, persévérant dans l'inceste, oubliant, traîtresse, l'engagement pris devant son oncle le pape, forniquant malgré l'interdit, usurpant le pouvoir, tyrannisant le peuple au nom de son fils mineur, cupide, accablant la Flandre de taxes, cruelle, intraitable, dissimulée, achetant le roi Philippe, et, plus qu'à demi magicienne, répandant sur ses ennemis des poudres enchantées, des maléfices. Or, ce venin, cette méchanceté, tant de méfaits accumulés furent entièrement rachetés par la « merveilleuse pénitence » que la comtesse s'infligea au déclin de sa vie. Comme la Madeleine, elle ne cessa plus de prier. Comme Juette, elle se mit tous les jours « au service des pauvres et des lépreux ». Le biographe voit comment se mortifient de son temps les femmes qu'on appelle béguines ; il reporte sur Richilde, morte un demi-siècle auparavant ces formes extrêmes et nouvelles de la dévotion féminine : « Tout enduite de la sanie des lépreux, elle les baignait, usait ensuite du même bain ; malade comme eux, elle entendait ainsi redevenir, intérieurement, la fille du Roi. » Elle châtiait sa chair pécheresse, elle se crucifiait, elle se détruisait. Elle finit ainsi par « remettre son corps à la terre et son âme à la miséricorde de Jésus-Christ ». De la violence, de l'avidité, de la fourberie, de la lubricité que le moine de Saint-Bertin qualifie de *muliebres* parce que, selon lui, elles infectent naturellement le corps des femmes, Richilde se trouvait enfin purifiée. « Son âme méritant de revêtir la perfection immortelle et de jouir des douceurs paradisiaques », elle avait pris place, secourable, médiatrice, auprès de Lupa, d'Ide, de Denise, parmi ces hautes figures tutélaires veillant au fond du souvenir sur le destin des lignées.

*

Au XIIe siècle, prêtres et guerriers attendaient de la dame qu'après avoir été fille docile, épouse clémente, mère féconde, elle apportât dans sa vieillesse, par la ferveur de sa piété et par la rigueur de ses renoncements, quelque relent de sainteté dans la maison qui l'avait accueillie. C'était le don ultime qu'elle offrait à cet homme qui l'avait toute jeune déflorée, qui s'était adouci dans ses bras, dont la piété s'était réchauffée à la sienne et qui avait à maintes reprises déposé en son sein le germe des garçons qui plus tard, dans le veuvage, la soutiendraient et qu'elle aiderait par ses conseils à se mieux conduire. Dominée certes. Cependant dotée d'une singulière puissance par ces hommes qui la craignaient, qui se rassuraient en clamant très haut leur supériorité native, qui la jugeaient toutefois capable de guérir les corps, de sauver les âmes, et qui s'en remettaient aux femmes pour que leur dépouille charnelle après leur dernier soupir fût convenablement apprêtée et leur mémoire fidèlement conservée dans les siècles des siècles.

GÉNÉALOGIES

Ces croquis, très simplifiés, aident à se reconnaître parmi tant d'homonymes et à situer les dames dont il est question dans ce livre.

△ Homme	O Femme	= Mariage	OO Concubinage

DUCS DE NORMANDIE

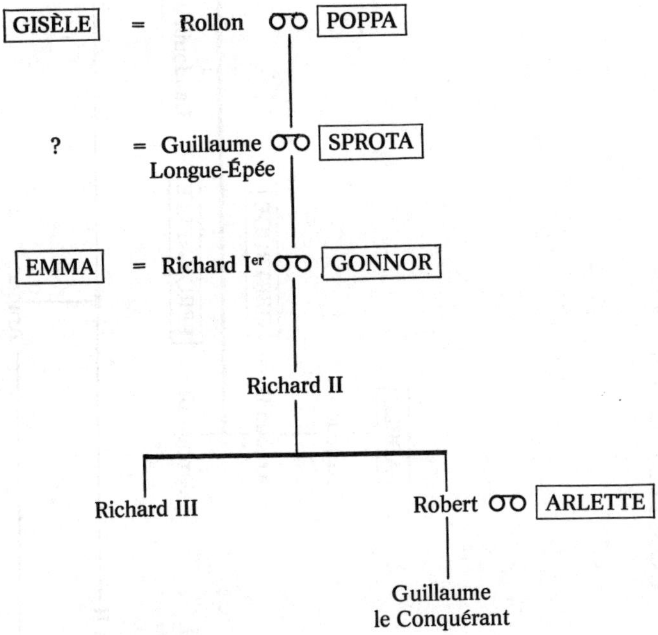

COMTES DE GUÎNES

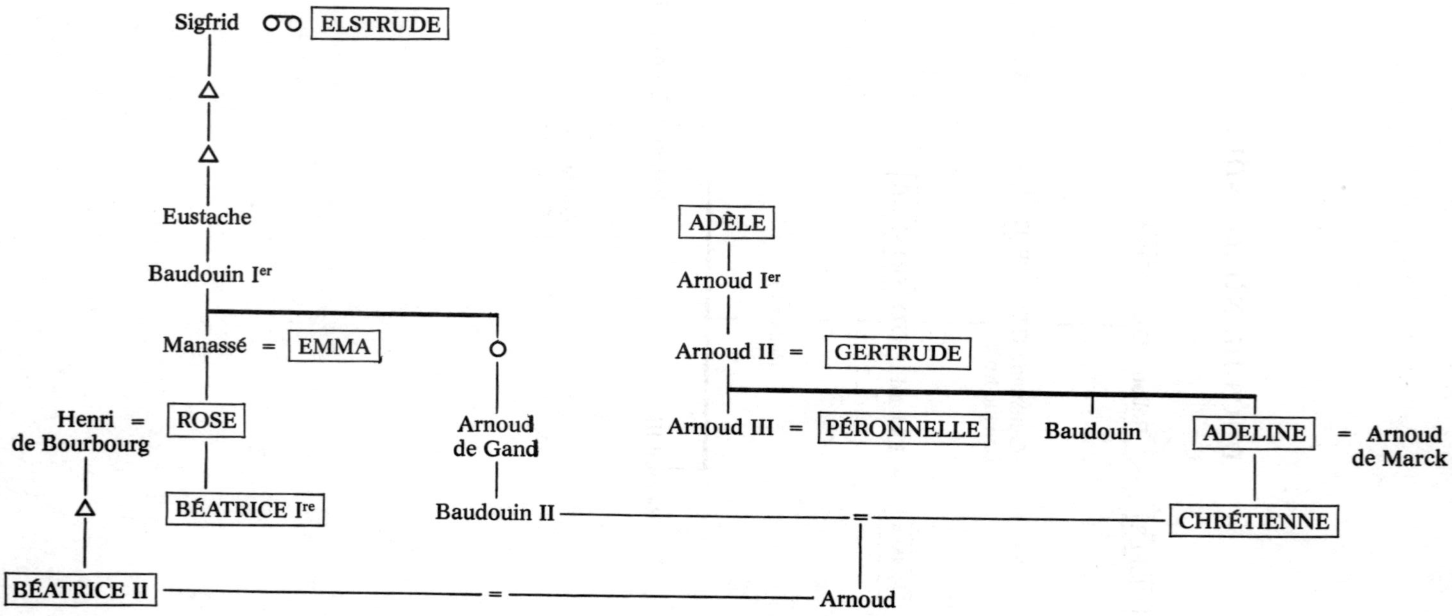

COMTES DE FLANDRE

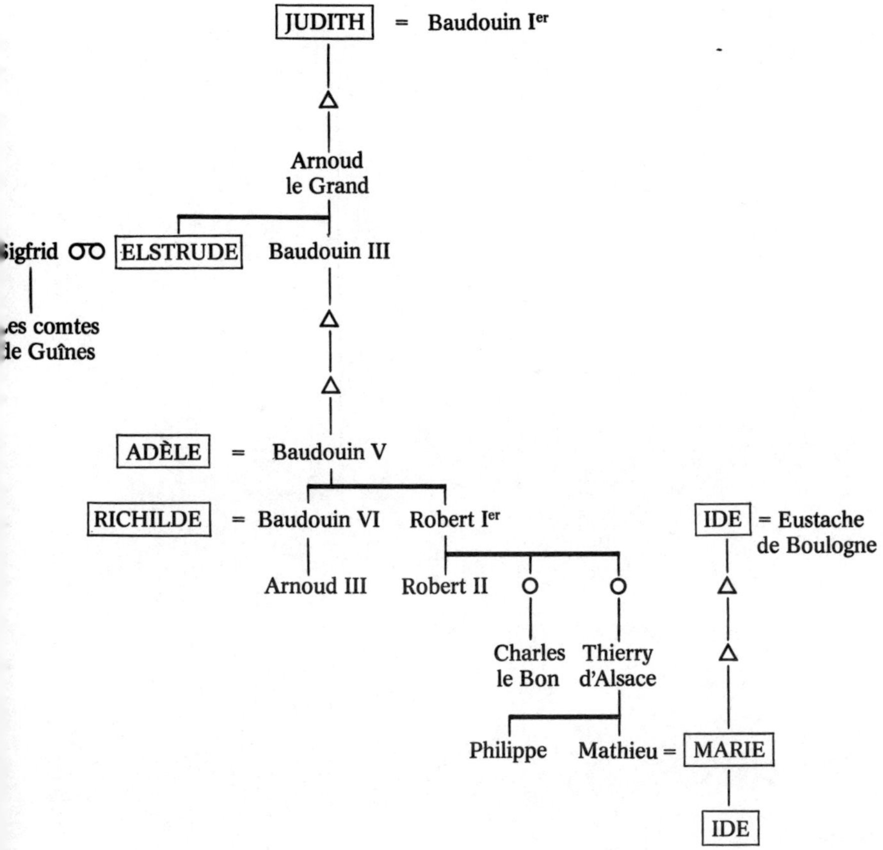

SIRES D'AMBOISE

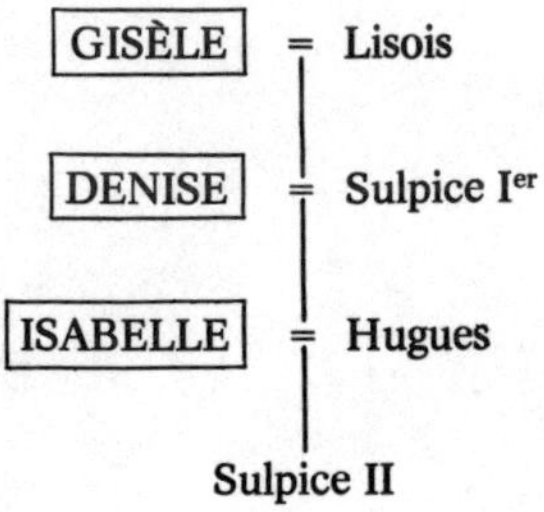

LE POUVOIR DES DAMES

DU MÊME AUTEUR

Aux Éditions Gallimard

DES SOCIÉTÉS MÉDIÉVALES. LEÇON INAUGURALE AU COLLÈGE DE FRANCE, PRONONCÉE LE 4 DÉCEMBRE 1970. Collection « Blanche », 1971.

LE DIMANCHE DE BOUVINES (27 JUILLET 1214). Collection « Trente journées qui ont fait la France » (n° 5), 1973.

GUERRIERS ET PAYSANS (VIIe-XIIe SIÈCLE). PREMIER ESSOR DE L'ÉCONOMIE EUROPÉENNE. Collection « Bibliothèque des Histoires », 1973.

L'AN MIL. Collection « Archives », n° 30, 1974.

LE TEMPS DES CATHÉDRALES. L'ART ET LA SOCIÉTÉ (980-1420). Collection « Bibliothèque des Histoires », 1976.

LES TROIS ORDRES OU L'IMAGINAIRE DU FÉODALISME. Collection « Bibliothèque des Histoires », 1978.

DAMES DU XIIe SIÈCLE. I. HÉLOÏSE, ALIÉNOR, ISEUT ET QUELQUES AUTRES. Collection « Bibliothèque des Histoires », 1995.

BIBLIOTHÈQUE DES HISTOIRES

Volumes publiés

MAURICE AGULHON : *Histoire vagabonde, I et II.*

RALPH ANDREANO : *La Nouvelle Histoire économique.*

OSKAR ANWEILER : *Les Soviets en Russie.*

COLETTE BEAUNE : *Naissance de la nation France.*

JACQUES BERQUE : *L'Intérieur du Maghreb,* XVe-XIXe *siècle.*

MARC BLOCH : *Les Rois thaumaturges.*

JOHN BOSWELL : *Christianisme, tolérance sociale et homosexualité.*

JOHN BOSWELL : *Au bon cœur des inconnus. Les enfants abandonnés de l'Antiquité à la Renaissance.*

JEAN BOTTÉRO : *Naissance de Dieu. La Bible et l'historien.*

JEAN BOTTÉRO : *Mésopotamie. L'écriture, la raison et les dieux.*

JEAN BOTTÉRO et SAMUEL NOAH KRAMER : *Lorsque les dieux faisaient l'homme.*

JUDITH C. BROWN : *Sœur Benedetta, entre sainte et lesbienne.*

PETER BROWN : *Genèse de l'Antiquité tardive.*

PETER BROWN : *Le Renoncement à la chair. Virginité, célibat et continence dans le christianisme primitif.*

FRANCO CARDINI : *La Culture de la guerre,* Xe-XVIIIe *siècle.*

JULIO CARO BAROJA : *Les Sorcières et leur monde.*

JULIO CARO BAROJA : *Le Carnaval.*

MICHEL DE CERTEAU, DOMINIQUE JULIA, JACQUES REVEL : *Une politique de la langue. La Révolution française et les patois.*

MICHEL DE CERTEAU : *L'Écriture de l'histoire.*

MICHEL DE CERTEAU : *La Fable mystique,* XVIe-XVIIe *siècle.*

JOHN CHADWICK : *Le Déchiffrement du linéaire B.*

WILLIAM B. COHEN : *Français et Africains.*

MARCEL DETIENNE : *Les Jardins d'Adonis.*

MARCEL DETIENNE, JEAN-PIERRE VERNANT : *La Cuisine du sacrifice en pays grec.*

ALAIN DEWERPE : *Une anthropologie historique du secret d'État.*

HICHEM DJAÏT : *La Grande Discorde. Religion et politique dans l'Islam des origines.*

GEORGES DUBY : *Guerriers et paysans, VIIe-XIIe siècle.*

GEORGES DUBY : *Le Temps des cathédrales.*

GEORGES DUBY : *Les Trois Ordres ou l'imaginaire du féodalisme.*

GEORGES DUBY : *Dames du XIIe siècle, I. Héloïse, Aliénor, Iseut et quelques autres.*

ALPHONSE DUPRONT : *Du Sacré. Croisades et pèlerinages. Images et langages.*

MICHEL FOUCAULT : *Histoire de la folie à l'âge classique.*

MICHEL FOUCAULT : *Surveiller et punir.*

MICHEL FOUCAULT : *Histoire de la sexualité, I, II et III.*

BÉATRICE FRAENKEL : *La Signature. Genèse d'un signe.*

GILBERTO FREYRE : *Maîtres et esclaves.*

FRANÇOIS FURET : *Penser la Révolution française.*

MARCEL GAUCHET : *La Révolution des droits de l'homme.*

MARCEL GAUCHET : *La Révolution des pouvoirs. La souveraineté, le peuple et la représentation, 1789-1799.*

BRONISLAW GEREMEK : *La Potence ou la pitié.*

JACQUES GERNET : *Chine et christianisme. Action et réaction.*

JACQUES GERNET : *L'Intelligence de la Chine. Social et mental.*

CARLO GINZBURG : *Le Sabbat des sorcières.*

AARON J. GOUREVITCH : *Les Catégories de la culture médiévale.*

G. E. VON GRUNEBAUM : *L'Identité culturelle de l'Islam.*

SERGE GRUZINSKI : *La Colonisation de l'imaginaire.*

BERNARD GUENÉE : *Entre l'Église et l'État. Quatre vies de prélats français à la fin du Moyen Âge.*

BERNARD GUENÉE : *Un meurtre, une société. L'assassinat du duc d'Orléans, 23 novembre 1407.*

FRANÇOIS HARTOG : *Le Miroir d'Hérodote. Essai sur la représentation de l'autre.*

E. J. HOBSBAWM : *Nations et nationalismes depuis 1780.*

PHILIPPE JOUTARD : *La Légende des camisards.*

ERNST KANTOROWICZ : *L'Empereur Frédéric II.*

ERNST KANTOROWICZ : *Les Deux Corps du Roi.*

LUCIEN KARPIK : *Les Avocats, entre l'État, le public et le marché, XIIIe-XXe siècle.*

ANNIE KRIEGEL : *Communismes au miroir français.*

JACQUES KRYNEN : *L'Empire du roi. Idées et croyances politiques en France, XIIIe-XVe siècle.*

RICHARD F. KUISEL : *Le Capitalisme et l'État en France.*

JACQUES LAFAYE : *Quetzalcoatl et Guadalupe.*

DAVID S. LANDES : *L'Europe technicienne.*

JACQUES LE GOFF : *Pour un autre Moyen Âge.*

JACQUES LE GOFF : *La Naissance du Purgatoire.*

JACQUES LE GOFF : *L'Imaginaire médiéval.*

EMMANUEL LE ROY LADURIE : *Le Territoire de l'historien, I et II.*

EMMANUEL LE ROY LADURIE : *Montaillou, village occitan, de 1294 à 1234.*

EMMANUEL LE ROY LADURE : *Le Carnaval de Romans.*

GIOVANNI LEVI : *Le Pouvoir au village.*

MOSHE LEWIN : *La Formation du système soviétique.*

ANDREW W. LEWIS : *Le Sang royal.*

BERNARD LEWIS : *Le Retour de l'Islam.*

BERNARD LEWIS : *Race et esclavage au Proche-Orient.*

ÉLISE MARIENSTRAS : *Nous, le peuple. Les origines du nationalisme américain.*

HENRI MASPERO : *Le Taoïsme et les religions chinoises.*

SANTO MAZZARINO : *La Fin du monde antique. Avatars d'un thème historiographique.*

JULES MICHELET : *Cours au Collège de France. I. 1838-1851, II. 1845-1851.*

ARNALDO MOMIGLIANO : *Problèmes d'historiographie ancienne et moderne.*

CLAUDE NICOLET : *Le Métier de citoyen dans la Rome républicaine.*

CLAUDE NICOLET : *L'Idée républicaine en France.*

CLAUDE NICOLET : *Rendre à César.*

THOMAS NIPPERDEY : *Réflexions sur l'histoire allemande.*

OUVRAGE COLLECTIF (sous la direction de François Furet et Mona Ozouf) : *Le Siècle de l'avènement républicain.*

OUVRAGE COLLECTIF (sous la direction de Jacques Le Goff et Pierre Nora) :

Faire de l'histoire, I : *Nouveaux problèmes.*
Faire de l'histoire, II : *Nouvelles approches.*
Faire de l'histoire, III : *Nouveaux objets.*

OUVRAGE COLLECTIF (sous la direction de Pierre Nora) : *Essais d'ego-histoire.*

OUVRAGE COLLECTIF (sous la direction de Pierre Birnbaum) : *La France de l'affaire Dreyfus.*

MONA OZOUF : *La Fête révolutionnaire, 1789-1799.*

MONA OZOUF : *L'École de la France.*

MONA OZOUF : *L'Homme régénéré.*

GEOFFREY PARKER : *La Révolution militaire. La guerre et l'essor de l'Occident, 1500-1800.*

MAURICE PINGUET : *La Mort volontaire au Japon.*

KRZYSZTOF POMIAN : *L'Ordre du temps.*

KRZYSZTOF POMIAN : *Collectionneurs, amateurs et curieux. Paris, Venise : XVIe-XVIIIe siècle.*

ÉDOUARD POMMIER : *L'Art de la liberté. Doctrines et débats de la Révolution française.*

GÉRARD DE PUYMÈGE : *Chauvin, le soldat-laboureur. Contribution à l'étude des nationalismes.*

PIETRO REDONDI : *Galilée hérétique.*

ALAIN REY : *« Révolution » : histoire d'un mot.*

PIERRE ROSANVALLON : *Le Sacre du citoyen. Histoire du suffrage universel.*

JEAN-CLAUDE SCHMITT : *La Raison des gestes dans l'Occident médiéval.*

JEAN-CLAUDE SCHMITT : *Les Revenants. Les vivants et les morts dans la société médiévale.*

JERROLD SEIGEL : *Paris bohème, 1830-1930.*

CHRISTOPHE STUDENY : *L'Invention de la vitesse. France, XVIIIe-XXe siècle.*

ALAIN WALTER : *Érotique du Japon classique.*

BIBLIOTHÈQUE ILLUSTRÉE DES HISTOIRES

SVETLANA ALPERS : *L'Art de dépeindre.*

MICHAEL BAXANDALL : *L'Œil du Quattrocento.*

ANDRÉ CHASTEL : *Le Sac de Rome, 1527.*

FRANCIS HASKELL : *De l'art et du goût. Jadis et naguère.*

FRANCIS HASKELL : *Mécènes et peintres. L'art et la société au temps du baroque italien.*

R. KLIBANSKY, E. PANOFSKY, FR. SAXL: *Saturne et la Mélancolie.*

DAVID S. LANDES : *L'heure qu'il est.*

OUVRAGE COLLECTIF (sous la direction de Pierre Nora) :

Les Lieux de mémoire, I : *La République.*

Les Lieux de mémoire, II : *La Nation* (3 volumes).

Les Lieux de mémoire, III : *Les France* (3 volumes).

OUVRAGE COLLECTIF (sous la direction de René de Berval) : *Présence du bouddhisme.*

SIMON SCHAMA : *L'Embarras de richesse. La culture hollandaise au Siècle d'Or.*

MICHEL VOVELLE : *La Mort et l'Occident de 1300 à nos jours.*

EDGAR WIND : *Les Mystères païens de la Renaissance.*

Composé et achevé d'imprimer
sur Roto-Page
par l'Imprimerie Floch
à Mayenne, le 11 septembre 1995.
Dépôt légal : septembre 1995.
Numéro d'imprimeur : 38104.
ISBN 2-07-074183-4/Imprimé en France.

71638